बीते समय की समझदारी

सतही जीवनशैली से संचालित संसार में अर्थ, उत्तरदायित्व और भावनात्मक स्थिरता की पुनर्प्राप्ति

www.theageofinsanity.com

जो लोग जंगल में बैठे यह तय करने की कोशिश कर रहे हैं कि आगे बढ़ना चाहिए या नहीं, और जो पहले ही निर्माण में लगे हैं—एक-एक छोटे कदम के साथ—यह पुस्तक आप सभी को समर्पित है।

विषय-सूची

भाग चतुर्थ

दूसरों के साथ संबंध में

भाग पाँच

व्यावहारिक जीवन

प्रस्तावना

दोषारोपण न करने का सिद्धांत

हर सार्थक परिवर्तन की शुरुआत इस निर्णय से होती है कि हम अपना ध्यान कहाँ केंद्रित करेंगे। इस पुस्तक में वह निर्णय स्पष्ट है: हम दोषारोपण की नींव पर निर्माण नहीं करेंगे।

जब हमारे जीवन में कुछ टूट जाता है या बिखरने लगता है, तब स्वाभाविक रूप से हम पीछे मुड़कर देखते हैं। हम कारण खोजते हैं, उत्तरदायी व्यक्ति को पहचानने का प्रयास करते हैं, उस आरंभिक क्षण को ढूँढते हैं जिसने सब कुछ गति दी। कभी-कभी यह खोज उपयोगी समझ प्रदान करती है। परंतु बहुत बार वही खोज स्वयं मुख्य कार्य बन जाती है, मानो स्पष्टता ही मरम्मत के समान हो।

यह पुस्तक एक भिन्न मार्ग अपनाती है। जब कोई समस्या सामने आती है, तो हम सबसे पहले यह पूछेंगे कि अभी क्या सुधारा जा सकता है। हम स्थिति को स्पष्ट रूप से देखेंगे और उसे सुधारने की दिशा में स्थिर, व्यावहारिक कदम

उठाएँगे। अतीत यह समझा सकता है कि हम यहाँ तक कैसे पहुँचे, परंतु वह हमारे सामने खड़ी समस्या को स्वयं ठीक नहीं करता।

आधुनिक उपचार पद्धतियाँ प्रायः पुराने घावों की लंबी जाँच को प्रोत्साहित करती हैं। आत्मचिंतन का अपना मूल्य है, और मैं उसे अस्वीकार नहीं करता। किंतु आत्मचिंतन कभी-कभी अनजाने में पुनरावृत्ति बन सकता है। हम अपनी पीड़ाओं का वर्णन करने में निपुण हो सकते हैं, परंतु जो दुर्बल हुआ है उसे सशक्त किए बिना।

पीड़ा का नामकरण करना, उसे संबोधित करने के समान नहीं है।

दोषारोपण प्रगति का आभास दे सकता है। वह निराशा को आकार देता है और क्रोध को दिशा प्रदान करता है। फिर भी वह प्रायः जो क्षतिग्रस्त हुआ है उसे पुनर्स्थापित नहीं करता। यदि आपके घर की कोई पाइप रिसने लगे, तो आप यह जाँच सकते हैं कि उसमें जंग कैसे लगी, उसे किसने स्थापित किया, या दरार पहली बार कब बनी। किंतु प्रथम कार्य पानी को रोकना और टूटन की मरम्मत करना है।

जीवन के साथ भी यही सत्य है।

यह पुस्तक यह नहीं नकारती कि अन्याय हुए हैं या इतिहास का प्रभाव है। यह केवल इतना कहती है कि वह इतिहास

बीते समय की समझदारी

वर्तमान पर प्रभुत्व न करे। हम अपनी ऊर्जा इस पर व्यय नहीं करेंगे कि किसने क्या किया, इसका विस्तृत लेखा-जोखा तैयार करने में। हम उसे इस स्थिर श्रम में लगाएंगे जिससे वस्तुएँ पुनः व्यवस्थित और सही हों।

आगामी प्रत्येक अध्याय की यही आधारशिला है: दोषारोपण नहीं, और निरंतर सुधार।

बीते समय की समझदारी

भूमिका

एक शांत पुनर्निर्माण

यदि आपने आधुनिक जीवन की उलझनों और विकृतियों के विषय में पहले ही पढ़ा है, तो आप जानते हैं कि हमारी संस्कृति में कुछ ऐसा है जो हमें शोर, त्वरित प्रतिक्रिया और तुलना की ओर खींचता है। यह पुस्तक कोई और निदान नहीं है। यह एक पुनर्निर्माण है।

इसका उद्देश्य सीमित और व्यावहारिक है। यह सामान्य संघर्षों के लिए है—संबंधों में बढ़ता हुआ तनाव, बाहरी सफलता के बाद भी बनी रहने वाली असंतुष्टि, और यह अनुभव कि जीवन जितना होना चाहिए उससे अधिक व्यग्र प्रतीत होता है। यह किसी भी प्रकार से पेशेवर देखभाल का विकल्प नहीं है। यदि आप गहन मानसिक स्वास्थ्य चुनौतियों का सामना कर रहे हैं, तो बिना किसी संकोच के आवश्यक सहायता प्राप्त करें। कभी-कभी शक्ति सहायता माँगने में दिखाई देती है।

परंतु बहुत से लोग संकट में नहीं होते। वे केवल अस्थिर होते हैं। वे ऐसे दबाव वहन करते हैं जिन्हें उन्होंने सचेत रूप से नहीं चुना: सांस्कृतिक अपेक्षाएँ जो आत्मविश्वास को क्षीण

करती हैं, डिजिटल परिवेश जो दृष्टिकोण को विकृत करते हैं, और वे आदतें जो बिना जाँच के विरासत में मिली हैं। ये प्रभाव चुपचाप एकत्रित होते रहते हैं। समय के साथ वे स्थिरता को दुर्बल कर देते हैं।

आपको यहाँ नवीनता नहीं मिलेगी। इन पृष्ठों में प्रस्तुत विचार कोई नई खोज नहीं हैं जिन्हें नए शब्दों में प्रस्तुत किया गया हो। ये वे दीर्घकालिक सिद्धांत हैं जो पहले की पीढ़ियों के लिए अधिक स्वाभाविक थे। हमसे पहले रहने वाले लोगों ने अधिक कठोर भौतिक परिस्थितियों का सामना किया, फिर भी उनमें से अनेक में ऐसी दृढ़ता थी जिसे विशेष व्याख्या की आवश्यकता नहीं थी। उन्होंने कठिनाइयों का महिमामंडन नहीं किया, परंतु स्थिरता को वे उस प्रकार समझते थे जिसे हमें अक्सर पुनः सचेत प्रयास से सीखना पड़ता है।

यह यह तर्क नहीं है कि अतीत बेहतर था। यह केवल यह स्वीकार करता है कि कुछ व्यावहारिक बुद्धिमत्ता दैनिक जीवन से क्षीण हो गई है।

इस पुस्तक का उद्देश्य उस बुद्धिमत्ता को पुनः एकत्रित करना और उसे वर्तमान में स्पष्ट रूप से लागू करना है। हम स्पष्ट करेंगे कि आपका संसार वास्तव में किन तत्वों से बना है और क्या आपकी नियंत्रण-सीमा के बाहर है। हम पहचान

की जाँच प्रदर्शन के बिना करेंगे, भावनाओं को दमन के बिना अनुशासित करेंगे, शत्रुता के बिना सीमाएँ पुनः स्थापित करेंगे, और छोटी दैनिक आदतों को स्थिर करेंगे जो आपके निर्माण की रक्षा करती हैं।

यहाँ कुछ भी तीव्रता पर निर्भर नहीं है। कुछ भी नाटकीय पुनराविष्कार की अपेक्षा नहीं करता। यह निरंतरता और ईमानदारी की अपेक्षा करता है।

केवल पढ़ना बहुत कम परिणाम देता है। चिंतन को क्रिया में परिवर्तित होना चाहिए, चाहे वह क्रिया छोटी ही क्यों न हो। एक सुधरा हुआ संबंध, एक संयमित प्रतिक्रिया, एक अधिक स्पष्ट प्राथमिकता–ये नाटकीय उपलब्धियाँ नहीं हैं, परंतु ये मिलकर स्थिरता का निर्माण करती हैं।

आप जो जीवन जी रहे हैं वह अपनी वर्तमान अवस्था में स्थिर नहीं है। प्रतिमान बदले जा सकते हैं। आदतें प्रतिस्थापित की जा सकती हैं। दृष्टिकोण समायोजित किए जा सकते हैं। परिवर्तन को प्रदर्शन की आवश्यकता नहीं होती; उसे पुनरावृत्ति की आवश्यकता होती है।

यदि आप प्रतिक्रिया से पुनर्निर्माण की ओर बढ़ने के लिए तैयार हैं, तो हम आधार से आरंभ करते हैं, शांत और सुविचारित ढंग से।

– R. Sohl

भाग प्रथम

परिदृश्य को समझना

किसी भी वस्तु का पुनर्निर्माण करने से पहले उसे स्पष्ट रूप से देखना आवश्यक है। आज लोग जिन कठिनाइयों का अनुभव करते हैं, वे प्रायः कोई अचानक उत्पन्न होने वाले संकट नहीं होते, बल्कि धीरे-धीरे उत्पन्न हुई विकृतियाँ होती हैं। हम आदतों को बिना प्रश्न किए स्वीकार कर लेते हैं। हम उन धारणाओं को आत्मसात कर लेते हैं कि जीवन को कैसा अनुभव होना चाहिए। हम अपने ऐसे रूप गढ़ लेते हैं जो बाहर से कार्यशील दिखाई देते हैं, पर भीतर से स्थिर नहीं प्रतीत होते।

इस प्रथम खंड का उद्देश्य न तो आलोचना करना है और न ही नाटकीयता उत्पन्न करना। इसका प्रयोजन स्पष्टता प्रदान करना है। यदि हम उस परिदृश्य को गलत समझते हैं जिसमें हम जी रहे हैं, तो सुधार का प्रत्येक प्रयास दिशाहीन हो जाता है। परंतु जब हम यह देख लेते हैं कि हमें किसने आकार दिया है—सांस्कृतिक रूप से, सामाजिक रूप से, और आंतरिक रूप से—तब हम पुनः भिन्न प्रकार से चुनने की क्षमता प्राप्त करते हैं।

हम आरंभ करते हैं क्षेत्र को सीमित करने से।

बीते समय की समझदारी

अध्याय एक

वास्तविक संसार और वे अन्य असत्य जिन पर हम स्वयं विश्वास करते हैं

संभव है आपने यह वाक्य सुना हो–"वास्तविक संसार में आपका स्वागत है"–जो प्रायः किसी निराशा के बाद कहा जाता है: विश्वासघात, असफल योजना, या अप्रत्याशित बाधा के पश्चात। इसे प्रायः ऐसे स्वर में कहा जाता है मानो यह कठिन अनुभव से प्राप्त ज्ञान हो, जैसे परिपक्वता का अर्थ यह स्वीकार कर लेना हो कि जीवन मूलतः कठोर है और आशा करना बालसुलभ सरलता है।

"वास्तविक संसार" की यह समझ परीक्षण की पात्र है। यह संकेत देती है कि निराशा ही वास्तविकता को परिभाषित करती है, कि संशय ही स्पष्टता है, और कि सहन करना ही हमारे लिए उपलब्ध सर्वोच्च गुण है। परंतु यह परिभाषा अधूरी है। प्रायः यह सत्य की अपेक्षा थकान को अधिक प्रतिबिंबित करती है। जब लोग बेहतर की अपेक्षा करना छोड़ देते हैं, तो वे समर्पण को ही यथार्थवाद का नाम दे देते हैं।

बीते समय की समझदारी

आपका वास्तविक संसार उस वाक्य से कहीं अधिक छोटा और तात्कालिक है। वह मुख्यतः आपके दैनिक चुनावों, आपके ध्यान, और उन लोगों से निर्मित होता है जिनके साथ आप अपना समय बाँटते हैं। बाहरी घटनाएँ निरंतर घटित होती रहती हैं, पर वे अपने आप आपके जीवन का केंद्र नहीं बन जातीं। ध्यान एक निमंत्रण है। जिसे आप निरंतर अपने मन में स्थान देते हैं, वही आपकी वास्तविकता के अनुभव को आकार देने लगता है।

बहुत से लोगों के लिए दूरस्थ घटनाएँ उनके मानसिक स्थान का अधिक भाग घेर लेती हैं, उन साधारण संबंधों और उत्तरदायित्वों की अपेक्षा जो वास्तव में उनके दिन निर्धारित करते हैं। समाचार चक्र तात्कालिकता और संघर्ष के माध्यम से ध्यान आकर्षित करने के लिए निर्मित होते हैं। माध्यमों का व्यवसाय सहभागिता पर निर्भर करता है, और सहभागिता प्रायः भय या उत्तेजना से बढ़ती है। इसका अर्थ यह नहीं कि संसार में वास्तविक कठिनाइयाँ नहीं हैं। इसका अर्थ यह है कि कठिनाइयों को इस प्रकार बढ़ाया जाता है कि उनका अनुपात विकृत हो जाता है।

यदि आप थोड़े समय के लिए समाचारों से दूरी बनाकर अपने कार्य, अपने परिवार, अपने संवादों और अपने उत्तरदायित्वों पर ध्यान केंद्रित करें, तो संभवतः पाएँगे कि आपके तात्कालिक

बीते समय की समझदारी

जीवन में बहुत कम परिवर्तन आता है। वैश्विक घटनाओं का नाटकीय स्वर आपके सामने उपस्थित व्यावहारिक कार्यों को विरले ही बदलता है। जो बदलता है वह आपकी आंतरिक स्थिति है। चिंता घटती है। दृष्टिकोण लौट आता है।

यह अज्ञानता का समर्थन नहीं है। वास्तविक संकट जागरूकता की माँग करते हैं। करुणा भी जागरूकता की अपेक्षा करती है। परंतु दूरस्थ संकटों के निरंतर संपर्क से प्रायः ऐसी व्यग्रता उत्पन्न होती है जिसका कोई उपयोग नहीं होता। संसार की परवाह करना संभव है, बिना उसे अपनी आंतरिक स्थिति पर प्रभुत्व करने दिए।

यही सिद्धांत व्यक्तिगत निराशाओं पर भी लागू होता है। विश्वासघात या असफलता उस क्षण में सर्वव्यापी प्रतीत हो सकती है। फिर भी वह अनेक घटनाओं में से केवल एक घटना है। यदि उसे अनुमति दी जाए, तो वह आपकी संपूर्ण वास्तविकता की भावना को परिभाषित कर सकती है। यदि उसे उचित अनुपात में रखा जाए, तो वह संबंधों, उत्तरदायित्वों और सामान्य सुखों से बुने हुए एक व्यापक ताने-बाने में एक कठिन धागा मात्र रह जाती है।

आपका वास्तविक संसार उन्हीं बातों से बना है जिन पर आप सीधे प्रभाव डाल सकते हैं: आपका आचरण, आपका ध्यान, आपकी प्रतिबद्धताएँ, आपकी प्रतिक्रियाएँ। इसमें आपका घर,

बीते समय की समझदारी

आपके संवाद, आपकी आदतें, आपका कार्य और आपकी निष्ठा सम्मिलित हैं। यह आपसे यह अपेक्षा नहीं करता कि आप हर दूरस्थ तूफान का भार उठाएँ या प्रत्येक बाधा को स्थायी अवस्था के रूप में व्याख्यायित करें।

जब कोई "वास्तविक संसार में आपका स्वागत है" कहे, तो विचार कीजिए कि कहीं उसका आशय वास्तव में "निराशा में आपका स्वागत है" तो नहीं है। निराशा वास्तविक है, पर वह अस्तित्व की संपूर्णता नहीं है। परिपक्वता का अर्थ यह नहीं कि हम अपनी अपेक्षाओं को अपनी थकान के अनुसार घटा दें। उसका अर्थ है सावधानी से यह चुनना कि हम किसे अपने अनुभव को परिभाषित करने दें।

एक स्थिर जीवन क्षेत्र को सीमित करने से आरंभ होता है। वास्तव में आपके देखभाल करने योग्य क्या है? क्या दूसरों का है? और क्या मात्र शोर है?

इस भेद की स्पष्टता अनुपात को पुनर्स्थापित करती है। और अनुपात शांति को पुनर्स्थापित करता है।

जब यह स्पष्टता स्थापित हो जाती है, तब हम आधुनिक जीवन की एक अन्य विशेषता का परीक्षण कर सकते हैं, जो चुपचाप स्थिरता को क्षीण करती है।

अध्याय दो

आधुनिक विषाद

किसी भी पुनर्निर्माण से पहले हमें उस भूमि की जाँच करनी चाहिए जिस पर हम खड़े हैं। बहुत से लोग चुपचाप अनुभव करते हैं कि आधुनिक जीवन में कुछ हल्का-सा असंतुलन है, पर उसे स्पष्ट रूप से नाम देना कठिन पाते हैं। सुविधा बढ़ी है। आराम बढ़ा है। विकल्पों का विस्तार हुआ है। फिर भी असंतोष बना रहता है। हमने लगभग हर वस्तु को परिष्कृत किया है, सिवाय अर्थ के प्रश्न के।

अनेक स्थानों पर बाहरी प्रस्तुति अब सार से अधिक महत्त्वपूर्ण हो गई है। वस्तुएँ तत्काल आकर्षण के लिए बनाई जाती हैं, स्थायित्व के लिए नहीं। अनुभव प्रदर्शन के लिए सजाए जाते हैं, गहराई के लिए नहीं। मत शीघ्र अपनाए जाते हैं और उतनी ही शीघ्र त्याग दिए जाते हैं। सफलता का मापन चरित्र की अपेक्षा दृश्यता से होने लगा है, और असहमति भी प्रदर्शन का रूप ले लेती है। जब यह प्रवृत्ति वस्तुओं से आगे बढ़कर जीवन में प्रवेश करती है, तब एक सूक्ष्म परिवर्तन होता है। हम अपने ऐसे रूप गढ़ना सीख लेते हैं जो बाहर से

सुचारु प्रतीत होते हैं। हम वही साधते हैं जो सफल दिखता है, वही बनाए रखते हैं जो स्थिर दिखाई देता है, और अपेक्षित मानकों के साथ चलते रहते हैं। पर साथ चलना गहराई से जीने के समान नहीं है।

इसका परिणाम प्रायः कोई नाटकीय पतन नहीं होता। अधिकतर यह कुछ शांत उत्पन्न करता है–कुछ ऐसा जो बढ़ती हुई सामान्यता रखता है, यद्यपि अनिवार्य नहीं है। इसे स्पष्ट रूप से समझने के लिए एक ऐसे अनुभव पर विचार कीजिए जो आरंभ में असंबद्ध प्रतीत होता है।

तीन शिशुओं की एक साथ माता बनी एक स्त्री ने अपने पालन-पोषण के प्रारंभिक वर्षों का वर्णन किया। एक साथ तीन शिशु कोई छोटा परिवर्तन नहीं है; यह नींद, पहचान, समय और ऊर्जा–सबका पुनर्गठन कर देता है। तनाव वास्तविक था, थकान निर्विवाद। जब उसने कठिनाई का उल्लेख किया, लोग आगे झुके। उनकी सहानुभूति तुरंत जागी। कक्ष में एक ऊष्मा थी, साझा बोझ का एक सहज संबंध। पर उसने एक और बात जोड़ी। उसने कहा कि वह संभाल रही है–बिना प्रयास के नहीं, बिना थकान के नहीं, पर स्थिर रूप से।

वातावरण बदल गया। ऊष्मा हल्की पड़ गई, और कक्ष लगभग अदृश्य रूप से सिमट गया। लोगों के लिए उसके संघर्ष से जुड़ना उसकी स्थिरता से जुड़ने की अपेक्षा सरल

प्रतीत हुआ। उस प्रतिक्रिया ने मुझे आश्चर्यचकित किया। उसने न कठिनाई से इनकार किया था, न उसे सरल बताया था। फिर भी उसके संतुलन नें कक्ष को अस्थिर कर दिया।

यह ईर्ष्या नहीं थी। यह भ्रम था।

बहुत से लोग एक शांत असंतोष वहन करते हैं–एक सूक्ष्म अनुभूति कि उनके जीवन में कुछ जीवंतता का अभाव है। वे प्रायः मान लेते हैं कि यह अनुभूति दबाव, गति या माँग से उत्पन्न होती है। जीवन व्यस्त है, इसलिए मैं थका हुआ हूँ। जीवन जटिल है, इसलिए मैं भीतर से क्षीण हूँ। पर यहाँ एक ऐसी व्यक्ति खड़ी थी जिसका जीवन वस्तुतः अत्यधिक माँगपूर्ण था, फिर भी वह भीतर से टूटी हुई नहीं थी। इस विरोधाभास ने एक महत्त्वपूर्ण तथ्य उजागर किया: यह पीड़ा केवल कठिनाई से उत्पन्न नहीं होती। यह अर्थहीनता से उत्पन्न होती है।

अब इसे स्पष्ट रूप से परिभाषित करना सहायक होगा। यह पीड़ा अवसाद नहीं है। अवसाद भूख, नींद, ऊर्जा और स्पष्टता को बाधित करता है, और संरचित देखभाल की आवश्यकता हो सकती है। यह पीड़ा आवश्यक रूप से कार्यक्षमता को नष्ट नहीं करती। आप कार्य करते रह सकते हैं, उत्तरदायित्व निभा सकते हैं, बाहर से संतुलित दिखाई दे सकते हैं। यह तीव्र रूप वाली चिंता भी नहीं है, जो तात्कालिकता और संकट की

भावना के साथ आती है। न ही यह केवल अत्यधिक थकान है, जो दीर्घकालिक दबाव के बाद उत्पन्न होती है और भार हल्का होने पर घटती है। यह पीड़ा तब भी उपस्थित हो सकती है जब जीवन स्थिर, सुविधापूर्ण, यहाँ तक कि सफल हो। यही इसे उलझनपूर्ण बनाता है।

आप कार्य कर रहे हैं। कुछ भी स्पष्ट रूप से टूटा नहीं है। फिर भी भीतर कुछ क्षीण प्रतीत होता है।

यह पीड़ा उस जीवन की है जो कुशलता से निभाया जा रहा है, पर पूर्ण रूप से जिया नहीं जा रहा। यह अनुनाद के बिना सफलता है, जड़ित अर्थ के बिना सक्रियता। यह ऐसे ढंग से जीना है जो बाहर से तर्कसंगत है, पर भीतर से कभी पूर्णतः स्वीकार नहीं किया गया। बहुत से लोग इसे चुपचाप अनुभव करते हैं। यह इतना परिचित हो गया है कि कुछ लोग मान लेते हैं कि वयस्क जीवन ऐसा ही होता है।

अब उस माता की ओर लौटिए।

उसका बाहरी जीवन अधिकांश से अधिक कठिन था। वह थकी हुई थी, खिंची हुई थी, हर दिशा में व्यस्त थी। उसके दिन अविराम थे। फिर भी वह इस पीड़ा से ग्रस्त नहीं थी। न इसलिए कि वह कभी शिकायत नहीं करती थी, न इसलिए कि वह कभी तुलना नहीं करती थी, और न इसलिए कि उसका

बीते समय की समझदारी

स्वभाव असाधारण था। जो स्पष्ट था वह कठोरता नहीं था। वह अर्थ था।

उसने मातृत्व को अपने वास्तविक जीवन में बाधा नहीं माना; उसने उसे अपना जीवन माना। वह समझती थी कि उस काल में उसे यही करना है। उसने उसे चुना था, उसके प्रति प्रतिबद्ध हुई थी, और उसमें पूर्णतः प्रविष्ट हुई थी। उसके दिन कठिन थे, पर रिक्त नहीं थे। उसकी थकान उस कार्य की सेवा में थी जिस पर वह विश्वास करती थी। वह शिशुओं की देखभाल करते हुए किसी अन्य स्थान की कामना नहीं कर रही थी, न ही बाहर खड़े होकर भूमिका निभा रही थी। वह अपने जीवन के भीतर थी। कठिन होने पर भी वह उसका अपना था।

उसकी बाहरी कठिनाई और आंतरिक दृढ़ विश्वास में सामंजस्य था। वही सामंजस्य उसकी जीवंतता की रक्षा कर रहा था।

जब उसने कहा कि वह संभाल रही है, कक्ष सिमट गया क्योंकि उसकी स्थिरता ने एक अनकही धारणा को चुनौती दी: कि थकान ही हमारे असंतोष का कारण है। यदि थकान ही कारण होती, तो उसमें यह पीड़ा दस गुना होती। यदि गति ही निर्णायक होती, तो वह उस कक्ष में अधिकांश से अधिक विखंडित होती। पर ऐसा नहीं था। और इससे एक कठिन प्रश्न

बीते समय की समझदारी

उभरा: यदि कोई व्यक्ति इतना दबाव वहन कर सकता है और फिर भी भीतर से स्थिर रह सकता है, तो संभव है कि मेरा सूक्ष्म असंतोष व्यस्तता से उत्पन्न नहीं होता।

संभव है कि वह किसी और कारण से उत्पन्न होता हो।

संभव है कि वह एक आच्छादित जीवन से उत्पन्न होता हो—सुव्यवस्थित, कार्यकुशल, सामाजिक रूप से स्वीकृत—पर भीतर से गहराई से चुना हुआ नहीं।

जब बाहरी जीवन और आंतरिक आह्वान में विभाजन होता है, तो जीवंतता क्षीण होती है। जब आप विश्वास के बिना भूमिकाएँ निभाते हैं, तो ऊर्जा क्षीण होती है। जब आप वह साधते हैं जो प्रभावशाली दिखता है पर जड़ित अनुभव नहीं देता, तो संतोष शीघ्र विलुप्त हो जाता है। यह पीड़ा जीवन की माँग से नहीं बढ़ती; यह एकीकरण के अभाव से बढ़ती है।

कठिनाई स्वयं इस पीड़ा को उत्पन्न नहीं करती। अर्थहीनता करती है।

यह यह नहीं नकारता कि स्वभाव और सहयोग इस बात को प्रभावित करते हैं कि कोई व्यक्ति दबाव को कैसे वहन करता है। वे करते हैं। पर इन भिन्नताओं को स्वीकार करते हुए भी, उसके मामले में निर्णायक तत्व स्वभाव नहीं था—उद्देश्य था। वह उसी के अनुसार जी रही थी जिसे वह अपने लिए उचित

बीते समय की समझदारी

मानती थी। जब जीवन आह्वान के साथ सामंजस्य में होता है, तब कठिनाई भी पूर्ण प्रतीत हो सकती है। जब जीवन असंगत होता है, तब सुविधा भी रिक्त लग सकती है।

यह पीड़ा इस बात का प्रमाण नहीं कि आपका जीवन अत्यधिक माँगपूर्ण है। प्रायः यह संकेत है कि आप कुशलता से जी रहे हैं, पर अर्थपूर्ण रूप से नहीं। इसे नाम देना स्थिति को नाटकीय नहीं बनाता। यह उसे स्पष्ट करता है। और स्पष्टता ही वह पहला कदम है जो जीवन को केवल दक्षता से नहीं, बल्कि सत्यता से जीने की ओर ले जाता है।

अध्याय तीन

जब किसी और ने कुछ नहीं कहा था, तब आप कौन थे

किसी न किसी बिंदु पर प्रत्येक व्यक्ति एक मूलभूत प्रश्न का सामना करता है: मैं कौन हूँ, भूमिकाओं और अपेक्षाओं से परे?

बहुत से लोग वर्षों तक इसका स्पष्ट उत्तर दिए बिना जीते रहते हैं। वे पर्याप्त रूप से कार्य करते हैं। अपने उत्तरदायित्व निभाते हैं। फिर भी उनके अनेक निर्णय प्रतिक्रिया पर आधारित होते हैं–या तो वे दूसरों की अपेक्षाओं के अनुरूप ढलते हैं, या फिर उनके विरुद्ध प्रत्यक्ष विरोध में खड़े होते हैं।

अनुकरण और विद्रोह परस्पर विपरीत प्रतीत होते हैं, परंतु प्रायः उनकी जड़ एक ही होती है। अनुकरण करने वाला उस व्यक्ति का प्रतिबिंब बनता है जिसे वह प्रशंसनीय मानता है, इस आशा में कि उसे भी वैसी ही स्वीकृति मिले। विद्रोही स्वयं को उस वस्तु के विरोध में परिभाषित करता है जिसे वह अस्वीकार करता है। दोनों ही स्थितियों में व्यक्ति दर्शकों के

बीते समय की समझदारी

इर्द-गिर्द केंद्रित रहता है। प्रत्येक स्थिति में पहचान दृढ़ विश्वास के स्थान पर प्रतिक्रिया पर आधारित होती है।

प्रामाणिकता अधिक शांत होती है। उसे प्रदर्शन की आवश्यकता नहीं होती। वह एक भिन्न प्रश्न पूछती है: क्या यह चयन मेरे मूल्यों, मेरे उत्तरदायित्वों और मेरे स्वभाव के अनुरूप है, या यह इस आधार पर संचालित है कि लोग इसे कैसे देखेंगे?

यह आत्म-परीक्षण कठोरता के बिना ईमानदारी की माँग करता है। अनेक लोगों ने प्रारंभिक जीवन में स्वीकृति को मूल्य का मापदंड बनाना सीख लिया। यदि बचपन में निरंतर आलोचना या सूक्ष्म तुलना रही हो, तो स्वयं को सिद्ध करने की इच्छा स्थायी बन सकती है। तब सफलता पूर्णता नहीं, बल्कि पर्याप्तता का प्रमाण बन जाती है।

इस प्रकार जीना थकाने वाला है। जब प्रत्येक उपलब्धि पहचान को प्रमाणित करने का साधन बन जाती है, तब विश्राम कठिन हो जाता है। आनंद शर्तों पर निर्भर हो जाता है। अच्छे परिणाम भी लंबे समय तक संतोष नहीं देते।

स्वतंत्रता की शुरुआत आरोपित पहचान को वास्तविक प्रवृत्ति से अलग करने से होती है। कुछ लोग स्वभावतः चिंतनशील होते हैं। कुछ लोगों को संवाद से ऊर्जा मिलती है। कुछ संरचना में फलते-फूलते हैं। कुछ को लचीलेपन की

आवश्यकता होती है। ये भिन्नताएँ मिटाने योग्य दुर्बलताएँ नहीं, बल्कि समझने योग्य वास्तविकताएँ हैं।

विकास अब भी आवश्यक है। दुर्बलताओं पर कार्य किया जा सकता है। कौशल विकसित किए जा सकते हैं। परंतु विकास का श्रेष्ठ आधार निरंतर आत्म-अस्वीकार नहीं, बल्कि ईमानदार स्वीकृति है।

यह भी आवश्यक है कि प्रामाणिकता को स्वार्थ से अलग किया जाए। अपने मूल्यों के अनुरूप जीने का अर्थ यह नहीं कि दूसरों की उपेक्षा की जाए। इसका अर्थ है भय के स्थान पर दृढ़ विश्वास से कार्य करना। स्वतंत्र निर्णयों के बाद कभी-कभी आलोचना भी आएगी। वह असुविधा अपने आप त्रुटि का संकेत नहीं है।

सच्ची विनम्रता दो सत्यों को एक साथ धारण करती है: आपके पास सामर्थ्य है, और आपके पास सीमाएँ भी हैं। किसी को बढ़ा-चढ़ाकर प्रस्तुत करने की आवश्यकता नहीं। न आपको विनम्र दिखने के लिए अपनी क्षमताओं को घटाना है, और न मूल्य सिद्ध करने के लिए उन्हें बढ़ाना है।

जब पहचान प्रदर्शन के स्थान पर स्पष्टता पर आधारित होती है, तब पहले वर्णित पीड़ा का बड़ा भाग शिथिल होने लगता है। दिखावा करने की थकान कम होती है। जो ऊर्जा छवि

बनाने में व्यय होती थी, वह विकास की ओर मोड़ी जा सकती है।

फिर भी, अधिक आत्म-बोध के साथ भी असंतोष शेष रह सकता है। केवल पहचान उस अस्थिरता को दूर नहीं करती जो सतही जीवन से उत्पन्न होती है। वह केवल भूमि तैयार करती है। गहन सुधार के लिए एक मार्गदर्शक सिद्धांत आवश्यक है।

अब हम उसी सिद्धांत की ओर मुड़ते हैं।

भाग द्वितीय

आधारभूत परिवर्तन

अब जब आप समझ चुके हैं कि हमारे जीने के ढंग में क्या त्रुटिपूर्ण है, तो अगला चरण आधार को परिवर्तित करना है। ये अध्याय उन मूल सिद्धांतों को स्थापित करते हैं जिन्हें परिवर्तित किए बिना अन्य कोई सुधार संभव नहीं। यहाँ से आरंभ कीजिए, और शेष सब संभव हो जाएगा।

अध्याय चार

दोष नहीं–रिसाव को ठीक कीजिए

जीवन ने जो घिस दिया है या तोड़ दिया है, उसे सुधारने के कार्य में एक ऐसा मार्ग है जो आरोप नहीं, मरम्मत की माँग करता है। हम इस विषय को पहले छू चुके हैं, पर यह यहाँ अपने पूर्ण विस्तार के योग्य है, क्योंकि यह हमारे प्रत्येक कदम में गुंथा हुआ है। दोषारोपण हमें यह आभास दे सकता है कि हम आगे बढ़ रहे हैं, परंतु वह प्रायः ठहराव की ओर ले जाता है–घावों का निरंतर उल्लेख, पर ऐसे कार्यों की ओर न बढ़ना जो वास्तव में परिवर्तन ला सकें।

आगे बढ़ने से पहले हमें ठहरकर चार शब्दों को अलग करना होगा, जिन्हें अक्सर एक ही अर्थ में प्रयोग कर लिया जाता है। वे समान नहीं हैं। उपचार में उत्पन्न होने वाली अनेक उलझनें इन्हें मिलाने से उत्पन्न होती हैं। दोष, स्पष्टीकरण, उत्तरदायित्व और मरम्मत–ये परस्पर संबंधित हैं, पर व्यक्ति के जीवन में इनका कार्य भिन्न है।

दोष पूछता है: यह किसने किया?
स्पष्टीकरण पूछता है: यह कैसे हुआ?

बीते समय की समझदारी

उत्तरदायित्व पूछता है: अभी मेरा क्या कर्तव्य है?
मरम्मत पूछती है: अब मैं क्या करूँगा?

जब ये शब्द मिश्रित हो जाते हैं, हम ऐसी अवस्थाओं में ठहर जाते हैं जो सक्रिय प्रतीत होती हैं, पर वास्तव में नहीं होतीं।

दोष इन चारों में सबसे आकर्षक है। वह स्पष्टता और भावनात्मक संतोष देता है। वह पीड़ा के चारों ओर एक घेरा बनाकर कहता है, "यहीं कारण है।" वह सही भी हो सकता है। संभव है किसी ने आपको निराश किया हो, आहत किया हो, उपेक्षित किया हो, या भ्रमित किया हो। उसे नाम देना क्षणिक व्यवस्था का अनुभव दे सकता है। पर दोष का स्वभाव यहीं रुक जाता है। वह दृष्टि को पीछे स्थिर कर देता है। वह ठहराता है। और ठहराव गति को धीमा कर देता है।

दोष मन को यह संकेत देता है कि समस्या आपके नियंत्रण से बाहर है। यदि कारण पूर्णतः किसी अन्य के हाथ में है–अतीत या वर्तमान में–तो समाधान भी वहीं प्रतीत होगा। आप घटना को बार-बार दोहरा सकते हैं, उसे अधिक गहराई से समझ सकते हैं, सटीक शब्दों में व्यक्त कर सकते हैं, फिर भी उसी स्थान पर रह सकते हैं। दोष इतिहास को स्पष्ट कर सकता है, पर वर्तमान को नहीं बदलता।

स्पष्टीकरण अधिक तटस्थ है। वह आरोप नहीं, समझ चाहता है। वह पैटर्न खोजता है, मूल कारणों को पहचानता है। यह

उपयोगी हो सकता है। स्पष्टीकरण भ्रम को संदर्भ देता है। वह कठोर आत्म-आलोचना को नरम कर सकता है। वह दिखा सकता है कि कुछ प्रतिक्रियाएँ अचानक उत्पन्न नहीं हुईं।

परंतु गति के बिना स्पष्टीकरण भी जोखिमपूर्ण है। समय के साथ वह पहचान बन सकता है। व्यक्ति स्वयं को इस आधार पर नहीं पहचानता कि वह क्या बन रहा है, बल्कि इस आधार पर कि उसके साथ क्या हुआ। स्पष्टीकरण उसकी कथा बन जाता है। वार्तालाप उसी पर लौटते हैं। प्रतिक्रियाएँ उसी से उचित ठहराई जाती हैं। वर्ष बीतते हैं, कथा विस्तृत होती जाती है, पर दैनिक पैटर्न लगभग वैसे ही रहते हैं। स्पष्टीकरण एक द्वार को प्रकाशित करने के लिए है, उसमें निवास करने के लिए नहीं।

उत्तरदायित्व दिशा बदलता है। वह अतीत से इनकार नहीं करता, न ही हानि को छोटा दिखाता है। वह केवल यह पूछता है: जो हुआ, उसके बाद अब मेरा क्या कर्तव्य है? उत्तरदायित्व शक्ति लौटाता है, क्योंकि वह गति को आपके पक्ष में ले आता है। भले ही मूल आघात आपने उत्पन्न न किया हो, उसके प्रभावों की देखभाल वर्तमान में केवल आप ही कर सकते हैं। यह कठोरता नहीं, सामर्थ्य है।

उत्तरदायित्व कहता है: मैंने जो पाया, उसे चुन नहीं सकता था; पर आगे मैं क्या चुनूँगा, यह मेरे हाथ में है। मैं दूसरों के कर्म

नियंत्रित नहीं कर सकता; पर मैं अपने अभ्यास, अपनी अनुमति और अपनी निरंतरता को नियंत्रित कर सकता हूँ।

मरम्मत उत्तरदायित्व की गति है। वह व्यावहारिक कदम है। वह संवाद है जिसे आप द्वेष के स्थान पर चुनते हैं। वह सीमा है जिसे आप शिकायत के स्थान पर स्थापित करते हैं। वह आदत है जिसे आप दोष के विश्लेषण के स्थान पर विकसित करते हैं। मरम्मत प्रायः छोटी होती है, और विरले ही नाटकीय लगती है। पर वह जीवन की दिशा बदल देती है, क्योंकि वह समझ को क्रिया में परिवर्तित करती है।

दोष चक्र बनाता है। स्पष्टीकरण निरीक्षण करता है। उत्तरदायित्व निर्णय लेता है। मरम्मत निर्माण करती है।

ध्यान दीजिए कि ये भीतर कैसा अनुभव देते हैं। दोष उग्र होता है, कभी-कभी धार्मिकता का भाव देता है। स्पष्टीकरण विचारशील होता है, विश्लेषणात्मक भी। उत्तरदायित्व स्थिर होता है। मरम्मत सक्रिय होती है। पहले दो पीछे देखते हैं। अंतिम दो आगे बढ़ते हैं।

कुछ क्षण ऐसे होते हैं जब स्पष्टीकरण आवश्यक है। कभी-कभी आघात को नाम देना गरिमा पुनः प्राप्त करने का भाग होता है। पर यदि स्पष्टीकरण अंततः उत्तरदायित्व को दिशा न दे, तो वह एक चक्र बन जाता है। आप अपने घावों की भाषा में दक्ष हो जाते हैं, पर जीवन के ढंग में परिवर्तन नहीं होता।

बीते समय की समझदारी

कठिन बाल्यावस्था यह स्पष्ट कर सकती है कि तनाव में आप तीव्र प्रतिक्रिया क्यों देते हैं। वह स्पष्टीकरण लज्जा को नरम कर सकता है। पर यदि आप वहीं रुक जाते हैं, तो प्रतिक्रिया बनी रहती है। उत्तरदायित्व पूछता है: जब मैं स्वयं को घिरा हुआ अनुभव करूँगा, तब मैं क्या अभ्यास करूँगा? मरम्मत हो सकती है–उत्तर देने से पहले ठहरना, शीघ्र क्षमा माँगना, या स्थिर परामर्श लेना। स्पष्टीकरण सत्य रहता है, पर वह वर्तमान का संचालन नहीं करता।

विवाह में भी यही सत्य है। आप अपनी रक्षात्मकता का कारण समझ सकते हैं। संभव है बचपन में स्वयं को अनसुना अनुभव किया हो। संभव है आलोचना अपेक्षा से अधिक गहरी लगे। स्पष्टीकरण स्पष्टता देता है। पर यदि प्रत्येक विवाद उसी पर समाप्त हो, तो परिवर्तन नहीं होता। उत्तरदायित्व पूछता है: अगली बार मैं भिन्न प्रतिक्रिया कैसे दूँगा? मरम्मत हो सकती है–कोमल स्वर, बाद में शांत संवाद, या स्थिति को बढ़ने से रोकना।

कार्यस्थल पर उत्पन्न रोष पर भी विचार कीजिए। आप अन्यायपूर्ण माँगों या दुर्बल नेतृत्व के कारण थकान को समझ सकते हैं। वह स्पष्टीकरण उचित हो सकता है। पर यदि रोष आपका स्थायी भाव बन जाए, तो आप प्रतिदिन पीड़ित होते हैं। उत्तरदायित्व पूछता है: मैं कौन-सी सीमा स्थापित कर

सकता हूँ? कौन-सा कौशल विकसित कर सकता हूँ? कौन-सा संवाद प्रारंभ कर सकता हूँ? मरम्मत ठोस होती है–और इसलिए मुक्तिदायक।

दोष यह विश्वास दिलाता है कि स्वतंत्रता अतीत को सिद्ध करने में है। उत्तरदायित्व दिखाता है कि स्वतंत्रता वर्तमान को आकार देने में है।

इसीलिए दोषरहित सिद्धांत निष्क्रिय नहीं है। यह न इनकार है, न भोलेपन से हानि को अनदेखा करना। यह दिशा का अनुशासन है। यह अतीत को अगले कदम का अंतिम लेखक बनने से रोकता है। जब आप दोष को केंद्र से हटाते हैं, तो आप सत्य को नहीं हटाते। आप ठहराव को हटाते हैं। आप स्पष्टीकरण को मार्गदर्शक बनने देते हैं, पर परिभाषा बनने नहीं। आप उत्तरदायित्व को स्थिर करते हैं। आप मरम्मत को गति देते हैं। और गति–भले धीमी और अपूर्ण हो–वह है जो दोष की पकड़ को ढीला करती है।

दोषरहित सिद्धांत को गलत समझा जा सकता है, इसलिए यहाँ उसे स्पष्ट करना आवश्यक है।

यह इनकार नहीं है। यह यह नहीं कहता कि हानि नहीं हुई, या उसे छोटा किया जाए। जो हुआ उसे स्पष्ट देखना आवश्यक है। सत्य को नाम देना दोषारोपण नहीं है।

बीते समय की समझदारी

यह दूसरों को हानि पहुँचाते रहने की अनुमति भी नहीं है। दोष में न जीना, दुर्व्यवहार सहने की बाध्यता नहीं है। जहाँ आवश्यक हो, सीमाएँ और परिणाम बने रहते हैं।

यह उत्तरदायित्व को मिटाना भी नहीं है। लोग अपने कर्मों के लिए उत्तरदायी रहते हैं। दोषरहित सिद्धांत केवल आपकी पहचान को उनकी असफलता पर आधारित करने से रोकता है।

यह दमन भी नहीं है। आपसे क्रोध निगलने या पीड़ा को मौन रखने की अपेक्षा नहीं है। भावनाओं को स्वीकार करना आवश्यक है। परिवर्तन यह नहीं कि कम महसूस किया जाए, बल्कि यह कि जो अनुभव हो उसे मरम्मत की दिशा में मोड़ा जाए।

यह आत्म-दोष भी नहीं है। कुछ लोग "दोष नहीं" सुनकर उसे भीतर मोड़ लेते हैं, मानो सब कुछ उनका ही दोष हो। यह सिद्धांत ऐसा नहीं है। उत्तरदायित्व पूछता है: अभी मेरा क्या कर्तव्य है? वह यह नहीं पूछता: मुझे सब कुछ जीवन भर ढोना है।

और यह निष्क्रियता भी नहीं है। यह परिस्थितियों के प्रति समर्पण नहीं है। इसके विपरीत, यह गति है। दोष जड़ करता है। दोषरहित दृष्टि चलाती है।

बीते समय की समझदारी

यह भेद सूक्ष्म है, पर अत्यंत महत्त्वपूर्ण। दोष उस पर प्रकाश रखता है जो किया गया। दोषरहित दृष्टि उस पर प्रकाश डालती है जो निर्मित किया जा सकता है।

कल्पना कीजिए: आप घर लौटते हैं और देखते हैं कि फर्श पर पानी फैल रहा है, हीटर की टंकी में दरार से रिस रहा है। कारण स्पष्ट है और समस्या सामने है। क्या आप वहीं खड़े होकर कहेंगे, "यहीं दोष है," जबकि पानी फैलता रहे? या आप तुरंत रिसाव रोकने की ओर बढ़ेंगे, इससे पहले कि क्षति बढ़े? साधारण परिस्थितियों में उत्तर स्पष्ट है। पर हृदय के गहरे जलप्रवाहों में हम अक्सर नामकरण में ठहर जाते हैं, जबकि आवश्यकता मरम्मत की होती है।

आंतरिक पीड़ा को प्रायः इसी प्रकार संभाला जाता है। हम वर्षों पीछे लौटते हैं, प्रत्येक आघात और प्रत्येक कटु शब्द की पहचान करते हैं, यह विश्वास करते हुए कि मानचित्र समझने से जल सूख जाएगा। पर यदि मरम्मत स्थगित हो, तो समझ कुछ नहीं बदलती। दोष एक झूठा विश्राम देता है—जहाँ क्रिया आवश्यक होती है। वह क्षणिक सुन्नता दे सकता है, पर समस्या बनी रहती है।

कुछ लोगों के लिए अतीत की खोज परिचित आश्रय बन जाती है, जड़ों की तलाश में अंतहीन भटकाव। कभी-कभी अतीत की जाँच का वास्तविक मूल्य होता है, पर अनेक बार वह उपचार

से अधिक आदत बन जाती है–जो हुआ उसमें ठहरना, जो किया जा सकता है उसमें प्रवेश न करना। हम यहाँ मरम्मत के लिए हैं, उस धीमी प्रक्रिया के लिए जिसमें जो टूटा है उसे जोड़ा जाता है।

जब आघात निकटतम लोगों से आता है–और जब वह निरंतर हो–तो स्रोत को संबोधित करना आवश्यक है। यदि वह टपकते नल की भाँति चलता रहे, तो केवल भीतर विचार करते रहना पर्याप्त नहीं। एक स्थिर स्वर में सीमा रखनी होगी: "यह अब समाप्त होगा।" यह साहस माँग सकता है, विशेषकर उस व्यक्ति से जो वर्षों की अपराध-बोध या विरोध से आकार लिया हो। पर शांति की रक्षा के लिए साहस आवश्यक है।

जब ये शब्द कहे जाएँ, उन्हें संतुलित रखें। अपना भाग स्वीकारें। यदि सत्य शांति से प्रस्तुत हो, तो उसे ग्रहण करें। पर विषाक्तता को अस्वीकार करें। कभी-कभी आघात पहुँचाने वाला केवल असावधान नहीं, बल्कि भीतर से अस्थिर होता है, और उसी से हानि दोहराई जाती है। यदि ऐसी छाया परिवार में हो, तो पहले अपने प्रकाश की रक्षा करें। आवश्यकता अनुसार दूरी रखें–कठोरता से नहीं, संरक्षण से। दूरी की मात्रा परिस्थितियों पर निर्भर होगी। विवेकपूर्ण लोगों से परामर्श लेना प्रायः बुद्धिमानी है–जो संतुलन में सहायता कर सकें।

यहीं दोषरहित सिद्धांत आगे भी बढ़ता है–दूसरों के कर्मों से परे, उन प्रवृत्तियों तक जो आप आगे ले जा सकते हैं। यदि

बीते समय की समझदारी

आप हानिकारक वातावरण में पले हों, तो संभव है आप अनजाने में उसी का प्रतिध्वनि बनें। मैंने देखा है: कोई अपने माता-पिता की निंदा करता है, पर उन्हीं पैटर्नों को दोहराता है—चाहे वह संशय हो, तीव्रता हो, या तनाव के क्षणों में कठोरता। जब यह दिखे, तो सावधानी आवश्यक है। ये पैटर्न एक संकल्प से नहीं मिटते। वे सतर्कता माँगते हैं—हर बार जब पुरानी प्रवृत्ति उभरे, नया चयन।

पैटर्न तोड़ना केवल पालन-पोषण तक सीमित नहीं। जीवनसाथी, मित्र, सहकर्मी—सभी संबंधों में अतीत की छाया प्रवेश कर सकती है यदि उसे अनदेखा किया जाए। यदि आप उस अतीत से आकार लिए हैं, तो कोमल सजगता रखें, ताकि जो आपने सहा वह हर संबंध में न पहुँचे। जहाँ प्रतिध्वनि दिखे, भिन्न प्रतिक्रिया चुनें, ताकि स्वस्थ संबंध जड़ पकड़ सकें।

इस कार्य में उन लोगों पर दोष कम करें जिन्होंने यह विरासत दी। संभव है वे भी किसी कठोरता से आकार लिए गए हों और सुधारना न सीखा हो। पर आप, जिनकी दृष्टि खुली है, उस चक्र को तोड़ सकते हैं, अपने किनारों को सावधानी से जाँचते हुए।

बुद्धिमत्ता विवेक भी माँगती है। हर बाल्यावस्था की निराशा स्थायी आघात नहीं होती। माता-पिता अपूर्ण होते हैं, पर

बीते समय की समझदारी

अनेक अपने बच्चों के हित का प्रयास करते हैं। कभी-कभी जो युवावस्था में असहनीय प्रतीत हुआ, वह परिपक्व दृष्टि से समझ में आता है–अतीत नहीं बदलता, दृष्टिकोण बदलता है।

जब कुछ लोग अपने प्रभाव का सामना करते हैं, तो वे वास्तविक परिवर्तन से अधिक अपराध-बोध से प्रेरित चिंता दिखाते हैं। सच्चे पश्चात्ताप और मात्र अपराध-बोध के बीच अंतर करना सीखें। एक सुधार का मार्ग खोल सकता है; दूसरा हानि को नए रूप में जीवित रख सकता है।

प्रत्येक परिवार भिन्न है, और कोई सार्वभौमिक निर्देश नहीं दिया जा सकता। केवल इतना कहा जा सकता है: यदि कोई निकट व्यक्ति निरंतर हानि पहुँचाता है, तो आपके कल्याण के लिए दूरी आवश्यक हो सकती है, चाहे वह परिवार ही क्यों न हो। इसे कैसे साधना है, यह विवेक और परिस्थिति पर निर्भर करेगा।

एक उदाहरण इसे स्पष्ट कर सकता है। एक व्यक्ति था जिसके पास दोष में ठहरने के अनेक कारण थे: मद्यपान से ग्रस्त पिता, कठोर शब्द; और शोक में डूबी माँ, जिससे घर में अव्यवस्था रही। युवावस्था में उसने वर्षों तक नियमित संवाद-सत्रों में अतीत का मानचित्र बनाया। अंत में उसके पास स्पष्ट समझ थी, पर जीवन में परिवर्तन नहीं। संघर्ष बने रहे।

बीते समय की समझदारी

फिर एक मार्गदर्शक ने पूछा: "अब तुम क्या करोगे?" और उसने आगे के कदम चुने। उसने वर्तमान की समस्याएँ लिखीं–टूटते संबंध, उठता भय, रोका हुआ विश्वास। प्रत्येक के लिए उसने योजना बनाई। उसने एक मित्र से प्रति सप्ताह संपर्क किया। उसने भय उठने पर श्वास नियंत्रित की। उसने छोटे विश्वास दिए और परिणाम देखा।

छः माह में उसका जीवन उन वर्षों से अधिक बदला जिनमें वह केवल जड़ों का अनुसरण करता रहा था। अतीत मिटा नहीं, पर वर्तमान की देखभाल हुई। यही दोषरहित सिद्धांत की जीवित गति है: जो था उसे देखो, फिर जो हो सकता है उसकी ओर बढ़ो।

आप भी ऐसे ही मोड़ पर खड़े हैं। एक मार्ग वर्षों तक पीड़ा की रेखाएँ खींचने की ओर ले जाता है–घावों की भाषा में निपुण, पर स्वतंत्र नहीं। दूसरा मार्ग कार्य माँगता है–सीमाएँ, नए चयन, प्रत्येक गिरावट के बाद पुनः उठना। जल बढ़ रहा है, रिसाव स्पष्ट है, और प्रश्न यह नहीं कि आप उसे समझ सकते हैं या नहीं। प्रश्न यह है कि आप उसे ठीक करेंगे या नहीं।

यह आधार स्थापित होने पर, अब हम उस श्रम की ओर मुड़ते हैं–दैनिक माँगों और उस जीवन के संतुलन की ओर जिसे वे सँभालने के लिए हैं, ताकि हम अपने प्रयत्नों में वही न खो दें जिसकी रक्षा के लिए वे किए जा रहे हैं।

अध्याय पाँच

जीने के लिए काम करो, काम करने के लिए मत जियो

काम हमारे जाग्रत समय का बड़ा भाग भर देता है, और यदि हम उसे ऐसा करने दें तो वह शेष समय भी ले सकता है, जिससे शांत आनंदों के लिए बहुत कम स्थान बचे। पर उसे धारण करने का एक अधिक सौम्य तरीका है–जैसे वह बुनावट में एक धागा हो, पूरा वस्त्र नहीं।

एक कथा है जो लंबे समय से मेरे साथ बनी हुई है, जैसे किसी धीमे युग से संजोकर रखी गई धरोहर। मैं केवल पुत्र को जानता था, जो तब तक वर्षों के बोझ से झुक चुका था जब हमारे मार्ग मिले। यह स्वयं कथा की प्राचीनता और उसमें निहित बुद्धि का संकेत है। उसके पिता एक पुस्तकालय चलाते थे–एक साधारण स्थान, जो उन पुस्तकों से भरा रहता था जिन्हें वह प्रेम करते थे। वे उनके संस्करण और मुद्रण ऐसे जानते थे जैसे पुराने मित्रों को। दुकान पर्याप्त चलती थी, उन्हें धनी नहीं बनाती थी, पर अपने ढंग से स्थिर थी। वे किसी जिज्ञासु को उचित शेल्फ तक ले जाने में आनंद लेते

थे, और दोपहर के भोजन का समय आने तक सावधानी से कार्य करते थे।

फिर भोजन के समय के आगे की दुनिया मानो ठहर जाती। एक बार एक ग्राहक एक बड़े आदेश के साथ आया–ऐसा जो लगभग आधे सप्ताह की आय के बराबर हो सकता था। स्वामी पीछे अपनी मेज़ पर बैठा हुआ भोजन कर रहा था। उसने शांत भाव से कहा, "क्षमा कीजिए, मैं अभी भोजन कर रहा हूँ।" ग्राहक ने आग्रह किया–इतना बड़ा लेन-देन प्रतीक्षा के योग्य है। पर स्वामी ने सरलता से उत्तर दिया, "मैं खाने के लिए काम करता हूँ और अभी मैं खा रहा हूँ।" संभव है वह बिक्री चली गई हो, पर उसने शांति से भोजन किया।

इस प्रसंग को शीघ्रता से मत पढ़िए। इसे ठहरने दीजिए। उस व्यक्ति को अपना उद्देश्य ज्ञात था। काम जीवन को संभालता था, पर जीवन ही बड़ा वरदान था। भोजन केवल एक व्यवधान नहीं था; वह अपना अधिकार माँगता एक क्षण था। लाभ के लिए उसे त्यागना, यह भूल जाना होता कि वह श्रम क्यों करता है।

प्रथम दृष्टि में उसके शब्द हल्के विनोदी लग सकते हैं–"मैं खाने के लिए काम करता हूँ और अभी मैं खा रहा हूँ।" पर उस सरलता के नीचे कुछ ऐसा है जो हमारे समय को अस्थिर करता है। उसका इंकार आलस्य नहीं था, न उत्तरदायित्व से

बीते समय की समझदारी

उदासीनता। वह स्पष्टता थी। उसे अपने जीवन की क्रमबद्धता ज्ञात थी। काम जीवन का सहायक था। वह उससे ऊपर नहीं था।

आधुनिक जीवन चुपचाप इस क्रम को उलट देता है। तात्कालिकता हमारे दिनों की पृष्ठभूमि बन जाती है। समय-सीमाएँ दबाव डालती हैं। संदेश आते रहते हैं। अवसर छूट जाने का भय रहता है। बिना ध्यान दिए शरीर इस गति को अपनाने लगता है। तंत्रिका-तंत्र व्यवधान की अपेक्षा करने लगता है। कुछ न होते हुए भी भीतर हल्का तनाव बना रहता है। भोजन एक नज़र इधर-उधर रखते हुए किया जाता है। संवाद आधे ध्यान से होते हैं। अवकाश भी उपयोगिता की दृष्टि से देखा जाता है–विश्राम अपने लिए नहीं, बल्कि लौटकर अधिक कुशल होने के लिए।

समय के साथ शरीर भूल जाता है कि अविलंब उपस्थिति कैसी होती है। शांत भोजन व्यर्थ समय लगने लगता है। उत्तर में विलंब गैर-जिम्मेदारी प्रतीत होता है। ठहराव विलासिता लगता है। और हम गहराई के स्थान पर गति चुन लेते हैं, बिना सचेत निर्णय के।

पुस्तकालय के स्वामी ने इस परिवर्तन का प्रतिरोध किया। वह समझते थे कि भोजन का मूल्य केवल पोषण में नहीं, बल्कि बैठने, स्वाद लेने और विश्राम करने में है। यह उस धारणा के

विरुद्ध एक छोटा-सा प्रतिरोध था कि हर क्षण को आर्थिक सिद्ध करना चाहिए। अपने भोजन की रक्षा करते हुए उन्होंने कुछ बड़ा सुरक्षित रखा–एक ऐसा जीवन-लय जो केवल माँगों से संचालित न हो।

जब उत्पादकता सब कुछ से ऊपर रखी जाती है, तो उपस्थिति सिकुड़ जाती है। हम निकटतम क्षणों को भी परिणाम से तौलने लगते हैं। संवाद परिचय का माध्यम बन जाता है। रुचि पहचान का साधन बन जाती है। व्यायाम प्रदर्शन बन जाता है। विश्राम रणनीति बन जाता है। प्रश्न बदल जाता है– “क्या मैं यहाँ हूँ?” से “क्या यह उपयोगी है?” और जब यह परिवर्तन स्थायी हो जाता है, जीवन संकुचित हो जाता है। हम अधिक कर सकते हैं, पर कम जीते हैं।

एक और सूक्ष्म मूल्य है: निरंतर तात्कालिकता हमें अपने ही दिनों को सरसरी रूप से पार करना सिखाती है। कार्य से कार्य की ओर तेज़ी से बढ़ते हुए, सूची से बिंदु हटाते हुए, हम शायद ही रुकते हैं कि अनुभव ठहर सके। भोजन धुँधला हो जाता है। ऋतुएँ अनदेखी बीत जाती हैं। बच्चे व्यस्त समय-सारिणी की पृष्ठभूमि में बड़े हो जाते हैं। हम स्वयं से कहते हैं कि जब कार्यभार स्थिर होगा, जब पदोन्नति मिलेगी, जब बचत एक निश्चित स्तर पर पहुँचेगी, तब हम धीमे होंगे और पूर्ण रूप से जिएँगे।

बीते समय की समझदारी

पर वह "बाद में" आगे खिसकता रहता है। यह भ्रम आधुनिक असंतोष के सबसे शक्तिशाली कारणों में से एक है। हम जीवन को छोटे-छोटे अंशों में स्थगित करते रहते हैं, यह मानकर कि हम सहजता के एक क्षण की ओर बढ़ रहे हैं। पर तात्कालिकता में बने व्यवहार अपने आप नहीं मिटते। जो व्यक्ति अभी नहीं ठहर सकता, वह केवल परिस्थितियों के बदल जाने से ठहरना नहीं सीखता। जो तंत्रिका-तंत्र निरंतर गति का अभ्यस्त हो चुका है, वह कैलेंडर खुलते ही शांति नहीं सीखता।

पुस्तकालय का स्वामी सेवानिवृत्ति की प्रतीक्षा नहीं करता था। वह दोपहर में, कार्य-घंटों के बीच ही जीने का अभ्यास करता था। उसका चयन एक असुविधाजनक सत्य उजागर करता है: यदि हम सामान्य दिनों में छोटे-छोटे उपस्थिति के स्थान सुरक्षित नहीं रख सकते, तो असामान्य दिनों में उन्हें ढूँढ़ पाना कठिन होगा। यदि हम भोजन का स्वाद लेते समय द्वार पर दृष्टि टिकाए रखते हैं, तो विश्राम में भी किसी और चिंता की ओर देखेंगे।

यह कथा काम के विरुद्ध नहीं है। काम गरिमा देता है। काम सहारा देता है। काम योगदान करता है। पर जब उत्पादकता चुपचाप मूल्य का माप बन जाती है, तो अन्य सब उसी के अनुसार व्यवस्थित हो जाता है। संबंध पतले हो जाते हैं।

बीते समय की समझदारी

विश्राम अपराध-बोध से जुड़ जाता है। उपलब्धि विचित्र रूप से रिक्त लगने लगती है–इसलिए नहीं कि वह मूल्यहीन है, बल्कि इसलिए कि जीवन स्थगित कर दिया गया है। एक लक्ष्य प्राप्त होते ही दूसरा खोजा जाता है, क्योंकि स्थिरता अपरिचित लगती है। पीड़ा लौट आती है–असफलता से नहीं, बल्कि उस जीवन को टालते रहने से जिसे हम बनाने का विश्वास करते थे।

उस स्वामी का छोटा-सा निर्णय उसी प्रवृत्ति के विरुद्ध था। वह विद्रोह नहीं, संतुलन था। उसने अवसर को नकारा नहीं; केवल उसे प्रत्येक क्षण का नियंता बनने नहीं दिया।

ऐसी संस्कृति में जो निरंतर उपलब्धता को पुरस्कृत करती है, उपस्थिति चुनना जोखिमपूर्ण लग सकता है। इससे छोटे लाभ छूट सकते हैं। लोग भ्रमित हो सकते हैं। यह अप्रभावी लग सकता है। पर उसे कभी न चुनने की कीमत अधिक है। जो जीवन जीने की तैयारी में ही बीत जाए, वह पूर्णतः आरंभ नहीं होता।

यदि काम प्रत्येक श्वास ले ले, तो उस जीवन का क्या शेष रहेगा जिसे वह पोषित करने के लिए है? लोग कहते हैं, “मैं परिवार के लिए काम करता हूँ,” पर घर लौटते समय इतने थके होते हैं कि उसी जीवन में भाग नहीं ले पाते जिसके लिए वे श्रम कर रहे थे। यह एक मौन दुख है जब बच्चे उपस्थिति

बीते समय की समझदारी

की ऊष्मा के बिना बड़े होते हैं और सीखने लगते हैं कि प्रेम का अर्थ अनुपस्थिति है—सुविधा है, पर हृदय का उपहार नहीं।

यदि आपका काम आपको सार्थक रूप से बुलाता है, तो उसमें आपका कल्याण हो। पर अनेक लोगों के लिए काम आवश्यकता अधिक है, लगाव कम। ऐसे में विशेष सावधानी आवश्यक है कि वह जीवन के शेष भाग को ढँक न दे। आजीविका के पीछे भागते हुए हम जीना भूल जाते हैं।

सेवानिवृत्ति का स्वप्न भी भ्रम बन सकता है। मैं एक ऐसे व्यक्ति को जानता था जिसने वर्षों तक परिश्रम किया, सावधानी से बचत की, ताकि एक दूसरे घर में अपनी पत्नी के साथ विश्राम कर सके जब काम समाप्त हो जाए। उन दिनों वह उसे बहुत कम देखता था, क्योंकि बचत ने सब ले लिया था। खरीद के एक वर्ष भीतर ही बीमारी आई। उपचार ने संचित सब ले लिया। घर बेचना पड़ा। उपचार असफल रहे। जिस समय को उसने बचाया था, वह आया ही नहीं।

हर कथा इतनी वेदनापूर्ण नहीं होती, और विश्राम की योजना में कृपा है। पर शिक्षा वही रहती है: आज की ऊष्मा को कल के वादे में न बदलें। दिए गए क्षणों में जिएँ, कहीं वे बिना अपनाए न चले जाएँ।

साथ ही, काम केवल सहनशीलता न बने। उसमें जो अच्छा है, उसे देखिए और वह दूसरों को कैसे छूता है, इसे पहचानिए।

बीते समय की समझदारी

यदि आपका काम उपचार करता है, शिक्षा देता है, निर्माण करता है, आपूर्ति करता है या सहारा देता है, तो उसका उद्देश्य वास्तविक है। शांत व्यवसायों में भी आप संसार की व्यवस्था में योगदान करते हैं। इस प्रकार देखना कठिनाई का महिमामंडन नहीं; यह आपको भलाई देखने वाला बनाता है, और यह दृष्टि जीवन को कोमल बनाती है।

जीने का यह सौम्य तरीका दिन की शुरुआत से प्रारंभ होता है। दिन का आरंभ उसका स्वर निर्धारित करता है, जैसे किसी धुन का पहला स्वर। यदि आप शीघ्रता में उठते हैं, जल्दबाज़ी में सुबह को निगलते हैं, तो दिन पहले ही तनाव में आरंभ होता है। वह एक दौड़ बन जाता है जिसे स्थिर करना कठिन होता है। थोड़ा पहले उठने पर विचार कीजिए। कुछ शांत क्षण एकत्र होने दीजिए। किसी पेय के साथ बैठिए। कुछ ऐसा पढ़िए जो स्थिर करे। दिन में प्रवेश कीजिए, उससे टकराइए नहीं। यह आलस्य नहीं; तैयारी है।

व्यस्त समय में, जब समय निकट से दबाव डालता है, उसी समय ठहराव अधिक महत्त्वपूर्ण है। यदि उसे अनियंत्रित छोड़ दिया जाए, तो जल्दबाज़ी सब कुछ ले लेती है। एक जानबूझकर लिया गया विश्राम दिन को पुनः अपना बना लेता है।

इस स्थान को ध्यान में रखते हुए, अपनी प्राथमिकताओं पर ईमानदारी से विचार कीजिए। वे नहीं जिन्हें आप शब्दों में

कहते हैं, बल्कि वे जिन्हें आपका सप्ताह प्रकट करता है। यदि धन में घंटे बहते हैं और जिन्हें आप प्रेम करते हैं उन्हें शेष समय मिलता है, तो चाहे आप कुछ भी कहें, सिंहासन पर धन ही है।

एक व्यावहारिक अभ्यास कीजिए। अपनी प्रमुख प्राथमिकताओं की सूची बनाइए, फिर एक सप्ताह में समय के उपयोग को लिखिए। दोनों की तुलना कीजिए और जहाँ आवश्यक हो वहाँ परिवर्तन कीजिए। आप जीने के लिए काम करते हैं। इसे मार्गदर्शक बनने दीजिए। जब भोजन पुकारे, उसे पूर्णतः ग्रहण कीजिए। जब परिवार एकत्र हो, उपस्थित रहिए। जब विश्राम संकेत दे, उसे स्वीकार कीजिए। भविष्य उपहार ला सकता है, पर वर्तमान ही वह जीवन है जो आपके पास है।

अब हम इस आधार पर आगे बढ़ते हैं–यह सीखने के लिए कि उन क्षणों में वास्तव में उपस्थित कैसे रहें, केवल शारीरिक रूप से नहीं, बल्कि मन से भी।

अध्याय छह

उपस्थित रहने की कला

लोग प्रायः "अच्छे पुराने दिनों" का रोमानीकरण करते हैं, कुछ वर्ष पीछे देखते हुए मानो उन वर्षों में कोई प्रकाश था जो अब मंद हो चुका है। वे यहाँ के अतिरिक्त हर स्थान पर जीते हैं। पर पाँच या दस वर्षों बाद आज ही वे दिन कहलाएँगे। यदि आप चाहते हैं कि जीवन सचमुच जीवन जैसा लगे, तो वर्तमान को वही स्थान बनने दीजिए जहाँ आप वास्तव में निवास करते हैं। न कोई बीता हुआ कल है जिसे लौटाया जा सके, न कोई आने वाला कल जो अभी बना हो। केवल वह घंटा है जो आपके सामने है।

जब आप वर्तमान में ठहरते हैं, तो आनंद गहरा हो जाता है, क्योंकि आप उसे पूर्ण रूप से ग्रहण करते हैं, पछतावे और प्रत्याशा की निरंतर परत के बिना। अनेक लोग बीते हुए समय के लिए तरसते हैं, यह देखे बिना कि जिसे वे एक दिन याद करेंगे, वह अक्सर अभी घटित हो रहा होता है।

मैंने यह एक समारोह में देखा था–एक ऐसी संध्या जिसमें संगीत, हँसी और साझा प्रसन्नता थी। अनेक लोग उसमें

बीते समय की समझदारी

पूर्णतः डूबे हुए थे, साथ होने की ऊष्मा में जीवित। पर एक उल्लेखनीय संख्या किनारे खड़ी थी, हाथों में उपकरण उठाए, सहभागी होने के स्थान पर दृश्य को सुरक्षित करते हुए। वे नृत्य को अंकित कर रहे थे, पर लय से दूर थे। वे बाद में उसका आनंद लेना चाहते थे, पर स्मृति को जड़ पकड़ने के लिए उपस्थिति चाहिए। उपस्थिति के बिना अंकन उस जीवन का क्षीण विकल्प बन जाता है जिसे जिया जा सकता था।

यह एक व्यापक प्रवृत्ति को दर्शाता है। क्षणों को हमें भरने देने के स्थान पर, हम उन्हें बाद के लिए संचित कर लेते हैं, और वह "बाद" क्षीण होकर आता है। एक और जाल है–प्रत्याशा का, जो निरंतर अगले की ओर खींचती है। हम आरंभ में अंत की कामना करते हैं, और अंत में आरंभ को याद करते हैं। हम निर्माण को शीघ्र समाप्त करना चाहते हैं, और पूर्ण होने पर निर्माण को याद करते हैं। हम यात्रा की योजना बनाते हैं और शीघ्र पहुँचने को उत्सुक रहते हैं, फिर पहुँचकर मार्ग को याद करते हैं। हम अगले चरण का पीछा करते हैं, और उस चरण का शोक करते हैं जिसे हमने जल्दबाज़ी में पार किया। दृष्टि भटकती रहती है, और वर्तमान निरंतर लूटा जाता है।

चिंता भी हमें इसी प्रकार खींचती है। वह घंटों लेती है, पर कुछ बदलती नहीं, शून्य में व्यस्त रखती है और प्रकाश चुरा लेती है। वह हमें क्षण से दूर ले जाती है, कल की आशंका या

बीते समय की समझदारी

बीते कल के पछतावे में अटकाकर। इसलिए जब पढ़ें, तो शब्दों में रहें। जब खाएँ, तो स्वाद लें। जब जीवनसाथी या बच्चे से बात करें, तो उसे पूर्ण रूप से अपने भीतर आने दें। इस श्वास में और कुछ आपका ध्यान नहीं माँगता। इस एकाग्रता के बिना दिन आधे जिए जाते हैं।

कुछ सरल अभ्यास मन को शांत करने और आपको वर्तमान में लौटाने में सहायक होते हैं। वे समस्त तनाव दूर नहीं करते, पर अनावश्यक बोझ घटाते हैं। एक अभ्यास है उस स्थान या गतिविधि को पहचानना जिसे आपका भीतरी शांति का पता कहा जा सकता है–कुछ ऐसा जो दिन के कोलाहल के बाद आपको स्थिर करता है। किसी के लिए वह संगीत है, किसी के लिए चाय और पुस्तक, किसी के लिए टहलना, किसी के लिए मौन। विवरण भिन्न हैं, पर सार एक है: जो आपको स्थिर करता है, उसे जानिए और जानबूझकर लौटिए। उसे विश्राम बनाइए, पलायन नहीं। पलायन पीछे छाया छोड़ जाता है। विश्राम नवीनीकरण करता है।

जब आपको शांत क्षण मिले, तो उसके समाप्त होने के मिनट गिनकर उसे न बिगाड़िए। वह सहजता को जल्दबाज़ी में बदल देता है। और जब सचमुच कुछ आपको शांत करे, तो उसमें सुगंध या गीत जोड़ सकें तो जोड़ें। बाद में, जब दिन भारी हों, वही संकेत शांति को पुनः बुला सकते हैं।

बीते समय की समझदारी

मुझे एक अवकाश का अंतिम दिन याद है, जब सामान बाँध लिया गया था, कक्ष रिक्त था, और प्रस्थान का समय ग्यारह से बढ़ाकर बारह किया गया था। करने को कुछ शेष नहीं था– न घूमने की जल्दी, न पैकिंग, न कार्य। मैं सोफ़े पर बैठा और अपेक्षा से अधिक गहरी शांति अनुभव की, केवल इसलिए कि कोई दबाव नहीं था। यह अनुभूति जितनी हम मानते हैं उससे अधिक उपलब्ध है, यदि हम प्रत्येक रिक्त स्थान को दबाव से भरना छोड़ दें।

दृश्य-कल्पना भी सहायक हो सकती है। किसी शांत स्थान की कल्पना कीजिए, पर स्वयं को उसमें रखिए–शरीर में सहज, मुस्कुराते हुए, सरल श्वास लेते हुए। उसे दूर से देखी हुई छवि न बनाइए; उसमें प्रवेश कीजिए। इसे अविलंब, सहज श्वास के साथ जोड़िए, विशेषकर तब जब आप भारी भोजन से बोझिल न हों, ताकि श्वास उस भाग को स्थिर कर सके जो दौड़ रहा है।

कृतज्ञता भी वर्तमान में लौटने का एक द्वार है। साधारण अनुग्रहों पर ध्यान दीजिए: बच्चे का भाव, वृक्ष का फूलना, विद्युत का प्रकाश, किसी यंत्र की गहराई, सृष्टि की विविधता, शीतल हवा, शीत ऋतु की ऊष्मा, किसी पेय से उठती भाप। इन्हें धन्यवाद जगाने दीजिए। यह कठिनाई का इनकार नहीं है; यह मन की आसक्ति के विरुद्ध संतुलन है।

बीते समय की समझदारी

उपस्थिति केवल भीतर से नहीं, परिवेश से भी समर्थित होती है। वातावरण का संयोजन सहायक होता है, क्योंकि अव्यवस्था मन को निरंतर व्यवस्थित करने में लगाए रखती है। जब सब बिखरा लगे, तो आनंद भी आधा अनुभव होता है, क्योंकि मन का एक भाग सदैव अगली चिंता खोजता रहता है। सरल संरचना–वस्तुओं का निश्चित स्थान, नियमित कार्यों का निश्चित समय–मानसिक स्थान बनाती है। छोटा आरंभ कीजिए: इस सप्ताह एक स्थान व्यवस्थित कीजिए। देखिए वह आपके मन में कितना स्थान बनाता है, फिर वहाँ से विस्तार कीजिए।

जब अभिभूत हों, तो वर्तमान पर लौट आएँ। आज वास्तव में किस एक कार्य को आपकी देखभाल चाहिए? कल अपने साथ आएगा। आगे हम देखेंगे कि एक साथ अनेक समस्याओं की भावना को कैसे सुलझाया जाए। अभी इस श्वास पर लौटिए, इस कार्य पर, इस घंटे पर। जो आपकी पहुँच से बाहर है उसे अपने ध्यान का प्रकाश मंद न करने दें। आप सब कुछ नहीं ठीक कर सकते, पर कुछ तो कर सकते हैं, और यहीं से अभिभूत होने की गाँठ ढीली होने लगती है।

उपस्थिति स्थापित होने पर, अब हम उस शक्ति की ओर मुड़ते हैं जो इसे सबसे अधिक खींच लेती है–परदे का निरंतर आकर्षण, तुलना और प्रदर्शन की प्रवृत्ति। वहीं हम आगे बढ़ेंगे।

अध्याय सात

विच्छेद करिए और जिएँ

उन शांत स्थानों में, जहाँ हमारा सच्चा स्वरूप खिल सकता है, प्रायः एक प्रदर्शन धीरे-धीरे प्रवेश कर लेता है और जीवन के मंच पर अधिकार कर लेता है। सामाजिक माध्यम केवल समय ही नहीं लेते; वे पहचान को आकार देते हैं। वे लोगों को स्वयं का ऐसा रूप गढ़ने के लिए आमंत्रित करते हैं जो प्रतिक्रिया के लिए अनुकूलित हो, और फिर वे हृदय को उसी प्रतिक्रिया की चाह में प्रशिक्षित करते हैं।

मुझे विधि-अध्ययन के दिनों का एक मित्र स्मरण है, जिसने वहाँ के एक सहपाठी के विषय में बताया था। सामने से वह शांत और संकोची था, पुस्तकों में डूबा हुआ, एक सच्चा खोजी। पर पर्दे पर वह बिल्कुल भिन्न दिखाई देता था–निडर, चंचल, सदैव मित्रों से घिरा हुआ, निरंतर गति में, उसके शब्द ऐसे गढ़े हुए कि वे आत्मविश्वासी और प्रशंसित प्रतीत हों। आमने-सामने वह धुँधला पड़ जाता था। परदे के माध्यम से वह चमकता था। वह दो संसारों में जीता था, और जो संसार प्रशंसा लाता था, वह वह नहीं था जिसमें वह सबसे अधिक सत्य रूप से रहता था।

बीते समय की समझदारी

सामाजिक माध्यम इस रिक्तता को गहरा करते हैं। परिचय-पृष्ठ झलकियाँ दिखाते हैं: विजय, यात्राएँ, उपलब्धियाँ, जीवन के सर्वश्रेष्ठ कोण। अन्य लोग देखते हैं और अनुभव करने लगते हैं कि सबके दिन उनके साधारण घंटों से अधिक भरे और उज्ज्वल हैं। वहाँ घास अधिक हरी प्रतीत होती है, क्योंकि जो दिखाया जाता है वह चयनित होता है। पर हृदय इसे सदैव स्मरण नहीं रखता। आप अपनी निजी संघर्षों की तुलना किसी और के सार्वजनिक शिखरों से करने लगते हैं, और परिणाम अनुमानित है: असंतोष बढ़ता है।

बौद्धिक रूप से आप जानते हो सकते हैं कि ये केवल अंश हैं, फिर भी भावनात्मक प्रभाव पड़ता है। उदासी उत्पन्न हो सकती है। ईर्ष्या उठती है। फिर लोग अपनी ही छवि गढ़ने लगते हैं, ऐसे मानदंड के पीछे दौड़ते हुए जो आरंभ से वास्तविक था ही नहीं। जीवन वैसे नहीं घटित होता जैसा परदा दिखाता है। वास्तविक जीवन में आनंद के साथ तनाव और नीरसता भी होती है। जब आप अपने वास्तविक स्वरूप को नकारकर आवरण का पीछा करते हैं, तो शांति दूर हो जाती है।

धीरे-धीरे आप अपने परिचय-पृष्ठ से परिभाषित होने लगते हैं। प्रशंसा मूल्य का माप बन जाती है। कोई न कोई सदैव अधिक प्रसन्न, अधिक संपन्न, अधिक सराहा हुआ प्रतीत होता है, और उस छवि के पीछे दौड़ते हुए लोग स्वयं को खो देते हैं।

बीते समय की समझदारी

एक कथा इसे स्पष्ट करती है। जैक और जिल अपने साझा जीवन में संतुष्ट थे–उसके सामान्य सुखों और मतभेदों सहित। फिर जिल को लगा कि कुछ कमी है। वह एक दिन घर लौटी तीव्रता के साथ: उन्हें एक यात्रा चाहिए थी–कुछ प्रभावशाली, कुछ दूर। जैक ने आरंभ में कोमलता से उत्तर दिया, पर वह आग्रह करती रही, और उसके तर्क का एक भाग उस पर आधारित था जो उसने परदे पर देखा था। अन्य लोग ऐसा कर रहे थे, तो वे क्यों नहीं? जैक ने समझाया कि धन सीमित है, पर जिल ने उसे कार्यस्थल पर अधिक माँग करने और साहस दिखाने के लिए प्रेरित किया। सप्ताहों तक तनाव बढ़ता रहा। अंततः जैक मान गया।

यात्रा आई, पर तनाव साथ आया। प्रत्येक व्यय विवाद का कारण बना। जैक चिंतित रहा। जिल उसकी चिंता से असंतुष्ट हुई। शब्द तीखे हुए। उसी बीच एक क्षण ऐसा आया जब वे तनाव के मध्य खड़े थे और एक राहगीर पास आया। जिल ने चित्र लेने को कहा। "मुस्कराइए," उसने कहा, "इसे खराब मत कीजिए।" चित्र में दो उज्ज्वल चेहरे थे और कोई असहमति नहीं।

बाद में वह छवि परिचय-पृष्ठ पर प्रसन्नता के प्रमाण की तरह बैठी रही। मित्रों ने देखा और ईर्ष्या अनुभव की, उस सुख को मानते हुए जो था ही नहीं। उस चित्र ने अपना रहस्य

छिपाए रखा। उसमें वे हजार शब्द नहीं थे जो पूरी सच्चाई कहते। और चक्र चलता रहा: अन्य लोग उस छवि से प्रभावित होकर अपने जीवन की तुलना करने लगे, उस मुस्कान के पीछे क्या था यह जाने बिना।

ऐसी तुलना अधैर्य भी बढ़ाती है। ऐसे संसार में जहाँ सब कुछ शीघ्र आता है–तत्काल उत्तर, त्वरित वितरण, निरंतर अद्यतन–हम उन बातों के साथ अधीर हो जाते हैं जो वास्तव में महत्त्वपूर्ण हैं, क्योंकि वास्तविक परिवर्तन समय माँगता है। हृदय एक सरकने की गति से नहीं बदलते। संबंध प्रदर्शन से गहरे नहीं होते। चरित्र प्रकाशित करने से नहीं बनता।

समाधान सिद्धांत में सरल है और अभ्यास में चुनौतीपूर्ण: उसे रख दीजिए। उपकरण को विश्राम करने दीजिए। परदे को अँधेरा होने दीजिए। उस ओर लौटिए जो बिना प्रदर्शन के पुकारता है–एक पुस्तक, एक टहलना, ऐसा संवाद जिसका कोई दर्शक नहीं। किसी वास्तविक वस्तु को इतना समय दीजिए कि वह फिर से जीवन जैसा लगे।

इन माध्यमों का एक और प्रभाव भी है। चुगली शीघ्र फैलती है। एक पंक्ति संबंधों को चोट पहुँचा सकती है और जीवनों को क्षति पहुँचा सकती है। घरों में, दूसरों के चयनित सुख का निरंतर सामना अपने साधारण जीवन को फीका बना देता है, और जहाँ संदेह का स्थान नहीं, वहाँ भी संदेह उग सकता है।

बीते समय की समझदारी

यही गहरी चोट है: वास्तविकता को प्रस्तुत अंशों से बदल दिया जाता है, जब तक लोग यह न भूल जाएँ कि प्रदर्शन के नीचे वे कौन हैं।

यदि आप कोमल आरंभ करना चाहें, तो छोटे से प्रारंभ करें। प्रतिदिन सीमित समय निर्धारित करें। जो ईर्ष्या और अशांति जगाता है, उसे हटाएँ; जो प्रेरित या शिक्षित करता है, उसे रखें। सप्ताह में एक दिन जहाँ संभव हो, परदों से दूरी रखें। पुनः प्राप्त समय को प्रत्यक्ष संबंध में लगाएँ: टिप्पणी के स्थान पर वार्ता, संकेत के स्थान पर भेंट, चिह्नित चित्र के स्थान पर एक पत्र। एक सप्ताह बाद अपने अनुभव को देखें और उसी के आधार पर आगे का मार्ग चुनें।

जब विच्छेद होता है, स्थान खुलता है। शोर घटता है, और भीतर की स्थिरता, जो दब गई थी, उभरने लगती है। अब हम उसी की ओर मुड़ते हैं।

भाग तृतीय

स्वयं पर कार्य

अब जब नए आधार स्थापित हो चुके हैं, हम भीतर की ओर मुड़ते हैं। संबंधों को पूर्णतः सुधारने या चक्रों को तोड़ने से पहले, आपको स्वयं को समझना और स्वयं को सँवारना होगा। यह स्वार्थ नहीं है। यह आवश्यक है। जो आपके पास नहीं है, उसे आप दे नहीं सकते।

अध्याय आठ

जब आपको लगे कि आप कुछ भी नहीं हैं

ऐसे समय आते हैं जब किसी व्यक्ति का आत्म-मूल्य मानो क्षीण होने लगता है, जैसे कोई ठोस आधार चुपचाप खिसक गया हो। यह भीतर से प्रारंभ हो सकता है–जब आप अपने जीवन को देखते हैं, जो कुछ निर्मित किया है उसे तौलते हैं, और अनुभव करते हैं कि वह पर्याप्त नहीं है। यह बाहर से भी आरंभ हो सकता है–जब कोई असावधान शब्द आकर ठहर जाता है, इसलिए नहीं कि वह सत्य था, बल्कि इसलिए कि उसने पहले से संवेदनशील स्थान को छू लिया। अनेक लोग इस अनुभव को जानते हैं: एक टिप्पणी, एक असफलता, एक निराशा, और अचानक आप स्वयं को पिछले दिन से छोटा अनुभव करते हैं।

जब ऐसा हो, तो मार्ग वापसी का नाटकीय घोषणाओं में नहीं, बल्कि वास्तविकता की ओर लौटने में है। आरंभ कीजिए उस बात पर ध्यान केंद्रित करके जिसे आप निश्चित रूप से अपने भीतर जानते हैं: कोई सामर्थ्य, कोई गुण, कोई कर्म, या वह ढंग जिससे आपने संसार में उपस्थिति दी है और जिसे आप

बिना अतिशयोक्ति के नाम दे सकते हैं। संभव है वह कोई सद्भावना हो जो आपने बिना पहचान के दी। संभव है वह कोई उत्तरदायित्व हो जिसे आपने तब निभाया जब हट जाना सरल था। संभव है वह स्थिर प्रयास हो जिसे आपने बनाए रखा जब अन्य लोग भटक गए। उद्देश्य स्वयं को प्रसन्न करना नहीं, दृष्टि को संतुलित करना है। जब आत्म-संदेह बोलता है, वह एक संकीर्ण चित्र प्रस्तुत करता है। आप उस चित्र से अधिक व्यापक हैं।

यदि छाया गहरी हो, तो लेखन सहायक हो सकता है। कलम को कागज़ से मिलाइए और भीतर जो उठ रहा है उसे लिख दीजिए। मन में घूमते विचार अक्सर अधिक भारी प्रतीत होते हैं क्योंकि उनका आकार स्पष्ट नहीं होता। जब आप लिखते हैं, आप उन्हें रूप देते हैं। आप उन्हें दृष्टिगोचर करते हैं। केवल यही आपके और उस भावना के बीच स्थान बना सकता है, जिससे आप पैटर्न को अधिक करुणा और कम रक्षात्मकता के साथ देख सकें।

जो पीड़ादायक है उसे लिखने के बाद, मुड़कर वह भी लिखिए जो सत्य है। अपने भीतर विद्यमान अच्छाइयों की सूची बनाइए–बिना शीघ्रता, बिना अलंकरण। उन तरीकों को लिखिए जिनसे आपने दूसरों की सहायता की, उन साहसिक क्षणों को जिनका आपने सामना किया, उन सामर्थ्यों को जो आपने

बीते समय की समझदारी

धीरे-धीरे विकसित किए। उसे संतुलन बनने दीजिए। इसलिए नहीं कि पीड़ा असत्य है, बल्कि इसलिए कि वह सम्पूर्ण सत्य नहीं है।

जब प्रेरणा घटे, तो इन प्रमाणों पर लौटिए। कभी-कभी आपको किसी नए विचार की आवश्यकता नहीं होती; आपको स्मरण की आवश्यकता होती है कि आपने पहले भी कठिन कार्य किए हैं, और आगे बढ़ने की क्षमता आपके भीतर है।

हृदय की देखभाल के व्यावहारिक मार्ग भी हैं, बिना अंतहीन विश्लेषण के। अनेक लोगों के लिए आत्म-सहायता पर्याप्त होती है जब जीवन संघर्ष के साथ भी चल रहा हो: आप उत्तरदायित्व निभा रहे हैं, भले भीतर अशांति हो; चिंता आती है, पर सब पर अधिकार नहीं कर लेती; असफलताएँ चुभती हैं, पर आपके कदम नहीं रोकतीं। ऐसे समय आत्म-देखभाल मार्ग खोल सकती है–ऐसा पढ़ना जो परिवर्तन को प्रेरित करे, ऐसे लोगों को देखना जो संतुलित चलते हैं, और धैर्य से कदम उठाना, सीखते हुए।

पर जब भार अधिक हो–जब विचार अंधकार की ओर मुड़ें, या जीवन की मूल लय डगमगाने लगे–तो बिना संकोच योग्य सहायता की ओर मुड़िए। यह बुद्धिमत्ता है, यह जानना कि आप अकेले कितना उठा सकते हैं।

बीते समय की समझदारी

दैनिक जीवन में लेखन साथी बना रह सकता है। कुछ लोग प्रत्येक सुबह लिखते हैं, विचारों को बिना सजावट बहने देते हैं, मन के अव्यवस्थित को हटाने के लिए उसे स्थान देते हैं। कुछ लोग रात्रि में लिखते हैं और दिन की तीन कृपाओं को अंकित करते हैं—विस्तृत शब्दों में नहीं, बल्कि छोटे संकेतों में: बच्चे की हँसी, एक शांत क्षण, दी गई सद्भावना, देखी गई सुंदरता। ये छोटे स्मरण कठिनाई से इनकार नहीं करते; वे मन को एक ही रंग में फँसने से रोकते हैं।

जब समस्याएँ उलझी प्रतीत हों, उन्हें कागज़ पर व्यवस्थित करना चंचलता को शांत कर सकता है। पृष्ठ को विभाजित कीजिए—जो आपके नियंत्रण में है, जो उससे बाहर है, और आज का अगला एक कदम क्या है। यह मन को अस्पष्ट भय से वर्तमान और संभव की ओर लौटाता है।

जब विचार कठोर और व्यापक हो जाएँ, उन्हें परखकर नरम कीजिए। जब भीतर से "मैं सदैव असफल होता हूँ" उठे, तो उसके पक्ष और विपक्ष में प्रमाण लिखिए। सत्य उस दावे को उसके वास्तविक आकार तक घटा देता है, जैसा वह उस क्षण महसूस होता है उससे भिन्न। आप अपने भीतर वैसे भी बोल सकते हैं जैसे किसी प्रिय मित्र से बोलते। यदि आप किसी प्रिय को ऐसे कठोर शब्द न कहते, तो स्वयं पर भी न कहें।

बीते समय की समझदारी

अपना मूल्य दूसरों की दृष्टि पर नहीं, अपने शांत ज्ञान पर स्थापित कीजिए। अपने प्रकाश के प्रमाण एकत्र कीजिए: धन्यवाद के शब्द, वे क्षण जब आप उपस्थित रहे, वे उपहार जो आपने उदारता से दिए। जब संदेह पुकारे, तो ऊँची आवाज़ के स्थान पर वास्तविकता पर लौटिए।

कभी-कभी कठिन दिन के बाद स्वयं को एक सरल कृपा देना भी उचित है: सावधानी से बनाया गया पौष्टिक भोजन, कर्तव्यों से वास्तविक विश्राम, ताज़ी हवा में चलना, या कोई पुस्तक जिसका आकर्षण कोमल हो और पढ़ने के लिए समय अलग रखा गया हो। ये विलासिता नहीं; ये छोटे संकेत हैं कि आप देखभाल के योग्य हैं।

पर स्मरण रहे कि ये उपहार तभी प्रकाश बनाए रखते हैं जब वे कभी-कभार दिए जाएँ, निरंतर सहारे न बन जाएँ। यदि वे एकमात्र उपाय बन जाएँ, तो वे ढकने लगते हैं, सुधारने के स्थान पर। उन्हें ऐसे चिंगारी बनने दीजिए जो आत्मा को उठाएँ, बाँधें नहीं।

एक सुनने वाला मित्र भी शांत राहत दे सकता है। ऐसा नहीं जो शीघ्र समाधान दे, बल्कि ऐसा जो स्थान दे। अनेक बार व्यक्ति को सलाह से अधिक आवश्यकता सुनने की होती है। जो भीतर छिपा है उसे कहना मौन में बढ़ते दबाव को मुक्त करता है। सुना जाना यह स्मरण कराता है कि आप अकेले

नहीं हैं, और कभी-कभी वही पर्याप्त स्थिरता देता है जिससे दृष्टि फिर से स्पष्ट हो सके।

ये उपाय प्रत्येक छाया मिटा नहीं देते, पर वे आपको स्वयं तक लौटा सकते हैं। आगे हम इसी अंतर्मुखी कार्य को जारी रखेंगे–पैटर्नों को देखकर, वे कहाँ से आते हैं, कैसे दोहराए जाते हैं, और उन्हें बदलना कैसे आरंभ होता है।

अध्याय नौ

स्वयं को चंगा करना

अपने पैटर्नों को अधिक स्पष्ट रूप से देखने का एक सौम्य मार्ग यह है कि आप अपने जीवन के आरंभिक चरणों की ओर लौटें, उस समय की ओर जब समय ने आपके निर्णयों पर इतने स्पष्टीकरणों की परतें नहीं चढ़ाई थीं। जब आप स्वयं को केवल वर्तमान में देखते हैं, तो अपने आचरण को उचित ठहराना सरल हो जाता है, क्योंकि वह आज के आपके स्वरूप से जुड़ा होता है। पर जब आप अपने युवा स्वरूप को थोड़ी दूरी से देखते हैं, तो आप प्रायः एक साथ अधिक ईमानदार और अधिक करुणाशील बन जाते हैं। आप तत्काल रक्षात्मकता के बिना देख सकते हैं, जो आज की दृष्टि को धुंधला कर देती है।

जब आप पीछे देखते हैं, तो कथाएँ उभरती हैं—स्वार्थ की छोटी प्रवृत्तियाँ, शीघ्र क्रोध, भय के क्षण, टालने की आदतें। ये स्मृतियाँ उन पैटर्नों को उजागर कर सकती हैं जो अब भी आपके वर्तमान जीवन में गूँजते हैं। उद्देश्य अपने युवा स्वरूप का न्याय करना नहीं, बल्कि उन क्षणों को संकेत-चिह्न बनने

देना है। वे दिखाते हैं कि क्या वर्षों से, कभी-कभी चुपचाप, दोहराया जा रहा है।

जब एक पैटर्न दिखने लगे, तब कार्य दैनिक हो जाता है। पैटर्न गहरे जड़ पकड़ते हैं। कुछ प्रवृत्तियाँ विरासत में मिलती हैं। कुछ उन परिस्थितियों से सीखी जाती हैं जिनमें आप पले-बढ़े। किसी भी स्थिति में वे प्रायः एक ही निर्णय से समाप्त नहीं होते। वे सतत सजगता और पुनरावृत्त चयन से बदलते हैं। प्रारंभिक परिवर्तन अक्सर केवल इतना होता है कि आप ध्यान देने लगते हैं—आप स्वयं को प्रतिक्रिया के बीच में पकड़ लेते हैं। समय के साथ आप उसे पहले पहचानने लगते हैं। अंततः निरंतर प्रयास से आप अधिक सहजता के साथ भिन्न ढंग से प्रतिक्रिया करने लगते हैं।

क्योंकि पैटर्न आपके भीतर रहते हैं, यह देखना बुद्धिमानी है कि वे आपके जीवन के विभिन्न संबंधों में कैसे प्रकट होते हैं, केवल एक व्यक्ति के साथ नहीं। स्वास्थ्य के संकेतों को पहचानिए: देने और लेने में संतुलन, अस्वीकृति के भय के बिना ईमानदारी, मतभेद के बाद सुधार की इच्छा, और ऐसा विकास जिसमें दोनों बढ़ें, न कि एक निरंतर समायोजन करता रहे। यदि ये गुण अपरिचित प्रतीत हों, तो जानिए कि इन्हें सीखा जा सकता है—पठन के माध्यम से, शांत निरीक्षण के माध्यम से, और धैर्यपूर्ण अभ्यास से।

बीते समय की समझदारी

एक सौम्य दैनिक लय इस कार्य को सहारा दे सकती है। प्रत्येक सुबह एक छोटा संकल्प निर्धारित कीजिए। प्रत्येक संध्या संक्षेप में विचार कीजिए: क्या अच्छा हुआ, और कल क्या सुधर सकता है। जब चूक हो, तो कठोर निर्णय न कीजिए। उद्देश्य पूर्णता नहीं, सीखना है। छोटे-छोटे अवलोकन जब निरंतर किए जाते हैं, तो वे स्थिर आधार बन जाते हैं और साधारण दिनों को विकास के अवसरों में बदल देते हैं।

जब आप स्वयं को चंगा करते हैं, तो उसका प्रभाव बाहर तक फैलता है। आप चक्रों को भाषणों से नहीं, बल्कि स्थिरता से तोड़ते हैं। वही स्थिरता बदलती है कि आप कैसे उपस्थित होते हैं, कैसे प्रतिक्रिया देते हैं, और आगे क्या सौंपते हैं। अब हम उस विधि की ओर मुड़ते हैं जो इन सबको वास्तविक जीवन में संभव बनाती है: छोटे कदम जिन्हें निरंतरता के साथ निभाया जाए।

अध्याय दस

छोटे कदम, बड़ा परिवर्तन: कछुआ जीतता है

जीवन की देखभाल के कार्य में एक सत्य है जिसे निकट रखना चाहिए: ऊपर उठने वाले प्रत्येक मार्ग में ठोकरें होती हैं। असफलताएँ यह संकेत नहीं कि आप असफल हो रहे हैं। वे परिवर्तन की प्रक्रिया का भाग हैं। प्रश्न यह नहीं कि आप ठोकर खाएँगे या नहीं, बल्कि यह कि आप कोमल संकल्प के साथ उठेंगे और आगे बढ़ेंगे या नहीं।

मैं अपने अनुभव से एक बात साझा करना चाहता हूँ जो यह पाठ सिखाती है। दो वर्षों तक मैंने अपने विचार एकत्र किए, जब भी वे उठते उन्हें लिखता रहा, एक ऐसा संकलन बनाते हुए जिसमें वह सब था जिसे मैं साझा करना चाहता था। फिर एक दिन, ऐसी भूल के कारण जिसे आज भी पूर्णतः समझ नहीं पाया हूँ, वह सब लुप्त हो गया। दो वर्षों का संग्रह समाप्त। निराशा तुरंत आई, और रुक जाने का आकर्षण भी। पर ऐसे क्षणों में व्यक्ति को चयन करना होता है: क्या वह हानि को सब कुछ निगलने देगा, या जो शेष है उसे समेटकर आगे बढ़ेगा। मैंने आगे बढ़ना चुना, और ये पृष्ठ उसी चयन के कारण अस्तित्व में हैं।

बीते समय की समझदारी

पूर्णता की अपेक्षा उन शांत जालों में से एक है जो लोगों को रोक देती है। जब परिवर्तन को पूर्ण और तात्कालिक रूप में देखा जाता है, तो वह इतना भारी हो जाता है कि आप कुछ भी नहीं करते। एक अस्त-व्यस्त घर की कल्पना कीजिए। यदि आप एक ही कक्ष को पूर्णतः व्यवस्थित करने का प्रयास करें, तो संभव है एक घंटे के लिए संतोष मिले। पर बाहर निकलकर शेष अव्यवस्था देखकर उत्साह टूट सकता है। आप रुक जाते हैं, आलस्य के कारण नहीं, बल्कि इसलिए कि मानक असंभव था।

एक अन्य मार्ग है। प्रत्येक स्थान के लिए पाँच मिनट। आधे घंटे में समस्त घर को छू लेना। पूर्ण नहीं, पर हल्का। अगले दिन फिर पाँच मिनट। फिर उसी प्रकार। सप्ताह के अंत तक घर का वातावरण बदल जाता है, और आप भी–किसी एक वीर प्रयास से नहीं, बल्कि ऐसे निरंतर श्रम से जो अपनी ही माँग के भार से नहीं टूटता।

यह परिचित कथा में कछुए की बुद्धि है। खरगोश तीव्र गति से दौड़ता है, निश्चिंत कि वह जीतेगा, फिर ठहर जाता है, यह मानकर कि बढ़त पर्याप्त है। कछुआ चलता रहता है–एक-एक स्थिर कदम, न शीघ्रता, न विराम। कछुआ इसलिए जीतता है क्योंकि निरंतरता तीव्रता से अधिक स्थायी होती है।

बीते समय की समझदारी

यह भी स्मरण रहे कि आगे की गति के बिना हम पीछे खिसकते हैं। यही प्रकृति का क्रम है। जब आप आवश्यक बातों की देखभाल रोक देते हैं, पुरानी आदतें लौट आती हैं। यह उन सीढ़ियों पर चढ़ने जैसा है जो धीरे-धीरे नीचे खिसकती रहती हैं। स्थिर खड़े रहकर आप वहीं नहीं रहते।

प्रेरणा आती है, पर यदि उस पर कार्य न किया जाए तो वह क्षीण हो जाती है। आप किसी सद्भावना की कथा सुनते हैं और किसी से संपर्क करने की प्रेरणा पाते हैं। यदि आप कदम नहीं उठाते, तो अगला दिन आपको अपरिवर्तित पाता है। यही नियम उपचार और विकास पर भी लागू होता है। निरंतर कदमों के बिना हम चक्र में घूमते रहते हैं–एक माह ऊपर, अगले में नीचे, और फिर वहीं जहाँ आरंभ किया था। लक्ष्य यह नहीं कि जीवन में उतार-चढ़ाव न हों। लक्ष्य यह है कि जीवन की समग्र दिशा ऊपर की ओर हो, भले वह असमान हो।

तो प्रश्न सरल है: क्या आप चल रहे हैं? पूर्णता से नहीं, शीघ्रता से नहीं, पर चल तो रहे हैं। दूर के स्वप्न वाला व्यक्ति जो प्रतिदिन एक कदम लेता है, समय के साथ पहुँच जाता है। सीमित लक्ष्य वाला जो स्थिर खड़ा रहता है, कहीं नहीं पहुँचता।

बीते समय की समझदारी

यदि आप आज आरंभ नहीं करते, तो एक वर्ष बाद पछतावा प्रतीक्षा कर सकता है। ऐसा कदम उठाइए जो इतना छोटा हो कि आप उसे वास्तव में कर सकें। पढ़ना हृदय को प्रेरित कर सकता है, पर गति परिवर्तन लाती है। छोटे कदम भी, जब दोहराए जाएँ, आपको आकार देने लगते हैं।

जब पैटर्न पहचाने जाते हैं, तब परिवर्तन प्रारंभ होता है। अनजाने में आप वैसे ही प्रतिक्रिया करते हैं जैसे सदैव करते आए हैं। पर एक बार उन्हें नाम देकर, स्वयं के प्रति ईमानदार करुणा रखते हुए, आप उग्र प्रतिक्रिया को पकड़ने लगते हैं, फिर उसे नरम करते हैं, फिर उसे पहले पहचानते हैं, और अंततः अधिक सहजता से भिन्न चयन करते हैं। समय के साथ, शांत पुनरावृत्ति से, आप स्वयं को परिवर्तित पाते हैं–बलपूर्वक नहीं, बल्कि बेहतर चयन के अभ्यास से।

इस दृष्टिकोण के साथ, अब हम उन क्षणों की ओर मुड़ने को तैयार हैं जब जीवन भारी और उलझा हुआ प्रतीत होता है, और सीखेंगे कि उन्हीं क्षणों का सामना उसी स्थिर सौम्यता से कैसे किया जाए।

भाग चतुर्थ

दूसरों के साथ संबंध में

आंतरिक उपचार बाहरी परिवर्तन का मार्ग खोलता है। अब जो आपने सीखा है उसे अपने जीवन के लोगों पर लागू करें– सीमाएँ स्थापित करते हुए, भावनाओं को उचित दिशा देते हुए, प्रभावी रूप से प्रेम करते हुए, और अतीत की पीड़ाओं को दोहराए बिना बच्चों का पालन करते हुए।

बीते समय की समझदारी

अध्याय ग्यारह

कोमल आत्मा की मौन परीक्षा

जीवनों के परस्पर संबंध में, देना और लेना तब तक सहज चलता है जब तक वह किसी कठोर किनारे से नहीं टकराता। एक विशेष पीड़ा उस कोमल आत्मा के लिए उत्पन्न होती है जो खुले हृदय से चलता है–विनम्र, सहायक, शांति बनाए रखने के लिए झुकने वाला। वह जहाँ संभव हो देता है, और प्रारंभ में यह सरल सद्‌गुण प्रतीत होता है, उसका स्वाभाविक स्वभाव। पर धीरे-धीरे अन्य लोग उसके “हाँ” को स्वाभाविक मानने लगते हैं। उपकार ऐसे माँगे जाते हैं मानो वे देय हों। अनुरोध समय का विचार किए बिना आते हैं। आवश्यकताएँ उसके कंधों पर रख दी जाती हैं, यह देखे बिना कि वे पहले से ही कितना वहन कर रहे हैं। समय के साथ जो उदारता थी वह अपेक्षा बन जाती है, और उसका जीवन दूसरों के चारों ओर झुकने लगता है, अपने शांत मार्ग पर स्थिर रहने के स्थान पर।

यदि यह आपके भीतर गूँजता है, तो इसे लज्जा नहीं, एक कोमल जागृति बनने दें। दयालुता दोष नहीं है। पर जब

बीते समय की समझदारी

दयालुता ऐसा द्वार बन जाए जिससे लोग बिना सम्मान के प्रवेश करें, तब सीमाओं की आवश्यकता होती है। ऐसे दीवारों की नहीं जो संसार को बाहर कर दें, बल्कि ऐसे कोमल बाड़ों की जो आपके स्थान को सुरक्षित रखें। अपने लिए खड़ा होना कठोरता की ओर मुड़ना नहीं है। यही वह आधार है जो देने को स्थायी बनाता है। इसी से आप दयालु रह सकते हैं, बिना स्वयं को क्षीण किए।

यह परिवर्तन किसी लंबे समय से रोके गए तूफ़ान की तरह नहीं आना चाहिए। यह एक सजग निर्णय के रूप में आ सकता है—क्षण को भिन्न रूप से स्वीकार करने का संकल्प। पर यह ध्यान में रखें: जब आप अपना "नहीं" स्वीकार करते हैं, तो दूसरे छोर पर जाकर वह न बनें जिसने पहले आपको दबाया था। आक्रामक व्यक्ति धक्का देता है। आपको धक्का देने की आवश्यकता नहीं। आपको केवल स्थिर खड़ा होना है, उसी ऊष्मा के साथ जिसने दूसरों को निकट खींचा, पर अधिक स्पष्ट रेखाओं के साथ जो आपके संरक्षण योग्य को सुरक्षित रखें।

आपके शब्द स्पष्ट और विनम्र हों। "मैं आपकी आवश्यकता समझता हूँ, पर अभी मैं इसे पूरा नहीं कर सकता।" "इस प्रकार की वाणी मुझे उचित नहीं लगती। यदि हम बात करें, तो कोमलता से करें।" "मैं सुन रहा हूँ, पर मेरा निर्णय स्थिर

है।" ये वाक्य हथियार नहीं हैं। ये सरल वाक्य हैं जो बिना आघात पहुँचाए सीमा बनाए रखते हैं, संघर्ष नहीं, समझ को आमंत्रित करते हैं।

दृढ़ और आक्रामक हृदय में भेद जानिए। दृढ़ हृदय अपनी आवश्यकताओं को स्पष्ट रूप से कहता है, बिना दूसरे को छोटा किए। आक्रामक हृदय अपने स्थान को दूसरों को रौंदकर लेता है। दृढ़ता कहती है, "यह मेरा मार्ग है।" आक्रामकता कहती है, "अपना मार्ग छोड़ो।" आपका चयन पहला हो–एक शांत दावा जो दोनों के लिए स्थान छोड़े।

और जब सीमा का सामना प्रतिरोध से हो–जो होगा, क्योंकि परिवर्तन पुराने ढंग के अभ्यस्त लोगों को चकित करता है– तब कृपा के साथ स्थिर रहें। वे असंतोष या तीखेपन से प्रतिक्रिया कर सकते हैं, और आपमें पुरानी प्रवृत्ति जाग सकती है–अत्यधिक स्पष्टीकरण देने की, या जहाँ आवश्यकता नहीं वहाँ क्षमा माँगने की। उस आकर्षण का विरोध करें। एक सरल वाक्य पर्याप्त है: "मैं आपके भाव समझता हूँ, पर मेरा निर्णय स्थिर है।" यदि दबाव बना रहे, तो उसे शांत स्वर में दोहराएँ। अपनी सीमा को सिद्ध करने के लिए विवाद आवश्यक नहीं। उसे बनाए रखना आवश्यक है।

इससे संबंध टूटने अनिवार्य नहीं। स्वस्थ बंधन ऐसे परिवर्तनों को सह सकते हैं, और सत्यता से वे प्रायः सुदृढ़ होते हैं। आप

बीते समय की समझदारी

किसी के लिए स्नेह रख सकते हैं और साथ ही अपने प्रकाश की रक्षा भी कर सकते हैं। यदि कोई संबंध आपके स्थिर खड़े होने को सहन न कर सके, तो संभव है वह वास्तविक सहभागिता से अधिक लेने पर आधारित रहा हो।

यह सिद्धांत केवल निकट संबंधों तक सीमित नहीं। यह कार्यस्थल, मित्रता और सामुदायिक दायित्वों पर भी लागू होता है। सभी के लिए देने और उपयोग किए जाने के बीच स्वस्थ रेखा को जानना आवश्यक है। जब सीमाएँ धुँधली हो जाती हैं, तो उदारता धीरे-धीरे आक्रोश में बदल सकती है, एक उत्तम गुण को कटु बना सकती है। दयालुता आनंद से प्रवाहित होनी चाहिए, बाध्यता से नहीं। स्पष्ट सीमाओं के साथ, वह आपके और दूसरों दोनों के लिए पोषण बनती है।

सीमाएँ दयालुता की रक्षा करती हैं। इस आधार के साथ, अब हम उस क्षेत्र की ओर मुड़ते हैं जो अनियंत्रित रहने पर संबंधों को तनाव देता है: भावनाओं को उचित दिशा देना, ताकि वे बंधनों को सुदृढ़ करें, उन्हें आहत न करें।

अध्याय बारह

अपनी भावनाओं को दिशा देना

दैनिक जीवन के प्रवाह में कठिन भावनाएँ सहज उठती हैं–कुंठा, निराशा, वह क्रोध जो धीरे-धीरे या अचानक भर जाता है। एक शांत सत्य स्मरण रखने योग्य है: भावनाएँ स्वयं में गलत नहीं हैं। वे केवल होती हैं, जैसे गुजरता हुआ मौसम। कौशल इस बात में है कि उन्हें दिशा दी जाए। जब भावनाओं को दिशा नहीं मिलती, वे वहाँ फैल जाती हैं जहाँ उनका स्थान नहीं होता, और आपके निकटतम लोग वह सहते हैं जो उनके लिए कभी था ही नहीं।

कल्पना कीजिए कि आप एक कठिन दिन के बाद घर लौटते हैं–किसी सहकर्मी का तीखा शब्द, कोई योजना विफल, या स्वयं को कम पड़ता अनुभव करने का भाव। कुंठा वास्तविक और भारी होकर एकत्र होती है, पर उसे उसके स्रोत की ओर निर्देशित नहीं किया जा सकता। वह ठहरती है, निकलने का मार्ग खोजती है। फिर आप घर की दहलीज़ पार करते हैं और कोई छोटी बात उसे भड़का देती है–कोई प्रश्न अनसुना रह जाना, फर्श पर गिरा कुछ, भोजन अभी तैयार न होना। जो

बीते समय की समझदारी

क्रोध कहीं और के लिए था, वह निकटतम लोगों पर गिरता है, और घर वह स्थान बन जाता है जहाँ तूफ़ान अंततः टूटता है।

यही केंद्र है: भावनाएँ वास्तविक हो सकती हैं, पर दिशा गलत हो सकती है। यह आपके जीवनसाथी या बच्चों का दोष नहीं कि दिन कठिन बीता। फिर भी वे उसका भार उठाते हैं–अनुचित और अनुपातहीन। प्रतिक्रिया कारण से अधिक बड़ी हो जाती है, और जो स्थान ऊष्मा का होना चाहिए था वह तनाव का स्थान बन जाता है। स्पष्ट देखने पर अन्याय स्पष्ट है, फिर भी यह अक्सर होता है क्योंकि भावना निकटतम मार्ग खोजती है।

क्रोध दो सामान्य तरीकों से भी बढ़ता है। कभी वह उस क्षण से अधिक फैल जाता है, दिन भर का भार एक छोटी चिंगारी पर रख देता है। अन्य समय वह चिंगारी दुष्टता नहीं, केवल एक साधारण भूल होती है, जिसमें हानि का कोई इरादा नहीं। यह पहचानना आवश्यक है, क्योंकि हर असुविधा आक्रमण नहीं होती। जब आप ठहरकर स्मरण करते हैं कि भूल प्रायः केवल भूल होती है, आपकी प्रतिक्रिया अधिक संतुलित होती है।

एक और सरल सत्य भी है: कोई भी व्यक्ति ऐसे घर लौटना पसंद नहीं करता जहाँ किसी का मन अत्यंत खराब हो, और

बीते समय की समझदारी

कोई भी ऐसे व्यक्ति का स्वागत नहीं करना चाहता जो उसी स्थिति में आए। कटु अभिवादन शीघ्र ही वातावरण को भारी कर देता है और साधारण क्षणों को भी संघर्ष में बदल सकता है। केवल जागरूकता इसे तुरंत ठीक नहीं करती, पर वह आपके प्रयास को बदल देती है। यदि कठिन दिन के बाद भी आप प्रियजनों का स्वागत प्रसन्नता से करने का प्रयास करें, तो वह घर को उस स्थान बनने से बचाता है जहाँ सब कुछ उतार दिया जाता है।

पीड़ा को भी क्रोध में कठोर होने की आवश्यकता नहीं। निराशा चुभ सकती है, पर उसे वहीं ठहरने दिया जा सकता है, बिना उसे आक्रामक प्रतिक्रिया में बदले। यह विराम दुर्बलता नहीं। यह संरक्षण का क्षण है, जहाँ आप उस ऊष्मा की रक्षा करते हैं जो आपको अपने प्रियजनों से बाँधती है। यदि हम भावनाओं को अनियंत्रित प्रतिक्रिया में न बदलें, तो वे बादलों की तरह गुजर सकती हैं।

भावनाओं को दिशा देने का एक भाग इरादे को समझना है। हर व्यक्ति जो आपको असुविधा देता है, वह दुष्ट नहीं होता। कुछ हानिकारक होते हैं। अन्य कठिन, असावधान, बोझिल, या केवल विचारहीन होते हैं। जब आप बुरे व्यक्ति और कठिन व्यक्ति में भेद करते हैं, तो आपका दृष्टिकोण बदलता है और प्रतिक्रिया संतुलित होती है। जो वास्तव में हानिकारक है,

बीते समय की समझदारी

उसके लिए एक प्रकार की प्रतिक्रिया आवश्यक है; जो केवल कठिन है, उसके लिए दूसरी। यह विवेक अनावश्यक क्रोध को घटाता है और प्रत्येक घर्षण को युद्ध बनने से रोकता है।

सड़क पर क्रोध इसका सामान्य उदाहरण है। एक निकट टक्कर, एक हॉर्न, और अचानक उग्रता उठती है। पर प्रायः वह भूल होती है, हानि का इरादा नहीं। हम अपनी भूलों को परिस्थितिजन्य मानते हैं और दूसरों की भूलों को दुष्टता। यदि हम ठहरें, तो देखते हैं कि यह कितना अनुचित प्रतीत होता है—अस्सी वर्ष का व्यक्ति मुट्ठी हिलाते हुए हास्यास्पद लगेगा, और यदि हम स्वयं को ईमानदारी से देखें तो हम भी भिन्न नहीं।

जब क्रोध उठे, तो कुछ सरल उपाय उसे फैलने से पहले शांत कर सकते हैं। कुछ लोगों को श्वास गिनना सहायक लगता है; कुछ के लिए वह और तनाव बढ़ाता है। यदि वह आपके लिए उपयुक्त नहीं, तो उसे छोड़ दें। इसके स्थान पर वह स्मरण रखें जो आपको कोमल बनाता है। किसी प्रिय बच्चे का चेहरा स्मरण करें। यदि सहायक हो तो उसका चित्र निकट रखें। जब तूफ़ान उठे, उसे देख लें। निष्कपटता क्रोध की पकड़ ढीली कर देती है और स्मरण कराती है कि उस क्षण से परे क्या वास्तव में महत्वपूर्ण है।

बीते समय की समझदारी

एक अन्य अभ्यास है स्वयं से बाहर आकर, शांत होने के बाद दृश्य को वस्तुनिष्ठ रूप से देखना। उसे ऐसे दोहराएँ मानो दूर से देख रहे हों। प्रायः संकोच उत्पन्न होता है—संतुलन का खोना, दूसरों में उठी भय की छाया, पीछे छूटी अप्रिय प्रतिध्वनि। यह दृष्टि आपको दबाने के लिए नहीं, बल्कि उस व्यक्ति की ओर लौटाने के लिए है जो आप बनना चाहते हैं।

यह भी स्मरण रखें: क्रोध नियंत्रित किया जा सकता है, चाहे वह ज्वार की तरह उठता लगे। कल्पना कीजिए कि आप लाल संकेत पर रुके हैं और कोई वाहन पीछे से टकरा जाता है। आप बाहर निकलते हैं, सामना करने को तत्पर। पर दूसरे वाहन से एक अत्यंत विशाल व्यक्ति उतरता है। अचानक क्रोध लुप्त हो जाता है, और शिष्टता आ जाती है। क्रोध कहाँ गया? आपने समझ लिया कि वह आपको कहीं नहीं ले जाएगा और हानि ला सकता है। यही समझ व्यापक रूप से लागू कीजिए: उग्र प्रतिक्रिया शायद ही कभी लाभकारी होती है, चाहे सामने कौन हो। संयम आपके और दूसरों दोनों के लिए शांति सुरक्षित रखता है।

इस सब में लक्ष्य दमन नहीं, दिशा है। भावनाओं को वहाँ व्यक्त होने दें जहाँ वे उचित हों, और उन्हें वहाँ न फैलने दें जहाँ वे अनुचित हों। यदि किसी बात पर चर्चा आवश्यक है, तो स्वस्थ ढंग से करें: शांत होने के बाद बात करें, व्यक्ति

को नहीं बल्कि व्यवहार को संबोधित करें, कारण को स्पष्ट करें, प्रतिक्रिया को मुद्दे के अनुरूप रखें, और समाधान के बाद उसे छोड़ दें। जब भावनाएँ इस प्रकार निर्देशित होती हैं, तो संबंध सहज श्वास लेते हैं, क्योंकि वे निरंतर अगले तूफ़ान की प्रतीक्षा में नहीं रहते।

इन प्रवाहों को सँभाल लेने के बाद, अब हम उस ओर मुड़ते हैं जो संबंधों को उनके मूल में बनाता है: प्रेम को व्यवहार में कैसे प्रकट किया जाए, केवल भावना में नहीं। वहीं से स्थायी देखभाल जन्म लेती है।

अध्याय तेरह

छह गुलाब

दो हृदयों की निकटता में प्रेम केवल शब्दों की नहीं, बल्कि उन कोमल कर्मों की भी अपेक्षा करता है जो संबंध को बाँधते हैं। संबंध किसी एक चिंगारी पर नहीं टिकते। वे गहरी मिट्टी पर टिकते हैं—साझा उद्देश्य, बार-बार की गई देखभाल, और साथ जीने का ऐसा ढंग जो निर्माण करे, विघटन नहीं। यदि संबंध केवल एक सूत्र पर आधारित हो, तो वह शीघ्र घिस जाता है, क्योंकि जीवन उस सूत्र को खींचता ही है। बंधन को एक से अधिक तंतुओं की आवश्यकता होती है। उसे दयालुता, धैर्य और विकास की ऐसी बुनावट चाहिए जो सरल आनंद के क्षीण होने पर भी थामे रखे।

मैं एक कथा साझा करता हूँ जो इस सत्य को धारण करती है। एक स्त्री आत्म-विकास के लिए आयोजित एक सभा में गई। वहाँ मार्गदर्शक ने प्रत्येक व्यक्ति से कहा कि घर जाकर अपने जीवनसाथी से सुधार के छह बिंदु पूछें—छह कमियाँ, स्पष्ट रूप से लिखी हुई, छह क्षेत्र जिन्हें बदलना है। वह घर लौटी और इस कार्य को गंभीरता से लिया। पर अगले प्रातः

बीते समय की समझदारी

उसने दोषों की सूची नहीं, बल्कि छह गुलाब पाए, साथ में एक पत्र जिसमें उसके प्रति गहरा सम्मान और यह भाव व्यक्त था कि वह जैसी है, वैसे ही प्रिय है।

उसने निश्चय ही उसकी अपूर्णताओं को देखा होगा, जैसे हम सब एक-दूसरे में देखते हैं, पर उसने उस पर नहीं, उसके उज्ज्वल पक्ष पर ध्यान दिया। उसने दबाव के स्थान पर पुष्टि को चुना। और उसी चयन में उनके बीच का तनाव हल्का होने लगा—माँग से नहीं, बल्कि देखे और मूल्यवान होने की ऊष्मा से। किसी के विकास को आमंत्रित करने का इससे श्रेष्ठ मार्ग नहीं कि उसे यह दिखाया जाए कि वह पहले से ही आदरणीय है।

यदि आप सच में किसी का भला चाहते हैं, तो अपनी दयालुता को बिना प्रत्याशा के प्रकट होने दें। "मैंने आपकी थकान देखी और आपका काम हल्का किया।" "मैंने देखा कि आप कितना वहन कर रहे थे, इसलिए मैं सहारा बनना चाहता था।" ऐसे कर्म विश्वास का निर्माण करते हैं, क्योंकि वे किसी छिपी अपेक्षा के साथ नहीं आते। वे सेतु बनते हैं, और सेतु संबंधों को स्थिर रखते हैं जब केवल शब्द पर्याप्त नहीं होते।

पर इस बाग़ की देखभाल दो हृदयों का कार्य है। यदि एक ही पक्ष प्रयास करे और दूसरा न करे, तो निराशा शीघ्र इकट्ठी हो जाती है। संबंध पारस्परिक प्रयत्न चाहता है। एक व्यक्ति

बहुत ऊष्मा ला सकता है, पर वह संपूर्ण संरचना को अकेले अनंत काल तक नहीं थाम सकता।

सावधान रहें जब शक्ति आपके हाथ में हो, जैसा कि उन संबंधों में होता है जहाँ कोई आप पर सहारे या मार्गदर्शन के लिए निर्भर करता है। वहाँ विशेष उत्तरदायित्व है कि उस शक्ति का कठोर उपयोग न हो। जो आप पर निर्भर है, वह हमेशा हट नहीं सकता। ऐसे में शब्द और भी अधिक महत्त्वपूर्ण हो जाते हैं। उन्हें सुधारना चाहिए, आघात नहीं देना। आपकी उपस्थिति निर्माण करे, बोझ न बने।

मुद्दों को स्वस्थ ढंग से संबोधित करने का एक सरल मार्ग है: जब उष्मा शांत हो जाए तब बात करें; व्यक्ति को नहीं, उसके विशेष व्यवहार को संबोधित करें; कारण को विनम्रता से समझाएँ; प्रतिक्रिया को परिस्थिति के अनुरूप रखें; और समाधान के बाद उसे बार-बार न दोहराएँ। निरंतर आलोचना आत्मा को क्षीण कर देती है। वह ऊष्मा को शीतलता में बदल देती है। जब सुधार आवश्यक भी हो, तो लक्ष्य विजय नहीं, सुधार होना चाहिए।

“सदैव” जैसे शब्दों से बचें। वे प्रायः पूर्ण सत्य नहीं होते और तुरंत दूसरे को रक्षात्मक बना देते हैं। वे एक क्षण को व्यापक निर्णय में बदल देते हैं, जिससे व्यक्ति स्वयं को अनदेखा अनुभव करता है। वर्तमान घटना तक सीमित रहें।

बीते समय की समझदारी

अतिशयोक्ति क्षणिक संतोष दे सकती है, पर वह विश्वास को तोड़ती है।

प्रेम सबसे प्रभावी रूप से दैनिक कर्मों में प्रकट होता है। खुला संवाद जो सद्भावना मानकर चलता है। समर्थन जो विकास का उत्सव मनाता है। त्रुटियों के लिए क्षमा। जो बंधनों को क्षीण करता है वह प्रायः सूक्ष्म होता है—देखभाल के नाम पर नियंत्रण, देने का हिसाब रखना, भावनाओं को महत्वहीन ठहराना। ये धीरे-धीरे जमा होते हैं, जैसे यंत्र में रेत, और संबंध को रुक-रुक कर चलने वाला बना देते हैं।

जब प्रेम का पोषण ठीक से होता है, तो वह दोनों को फलने का स्थान देता है—भिन्नताओं को मिटाकर नहीं, बल्कि उन्हें सम्मान के साथ थामकर। वह भव्य प्रदर्शनों की नहीं, दैनिक ध्यान की अपेक्षा करता है। कठिन दिन के बाद एक कोमल शब्द। सुनना जब मन अन्यत्र भटकना चाहता हो। सही होने की जिद के स्थान पर समझ को चुनना।

इस प्रकार प्रेम को समझने के बाद, अब हम उस स्थान की ओर मुड़ते हैं जहाँ इसका प्रभाव सबसे गहरा होता है: वे बच्चे जो देख रहे हैं कि हम कैसे प्रेम करते हैं, और जो हमारे कथनों से अधिक हमारे आचरण से सीखते हैं। उनके पालन में हम या तो पुरानी पीड़ाओं को दोहराते हैं, या ऐसा उपचार आरंभ करते हैं जो हमारे जीवन से आगे तक पहुँचे।

अध्याय चौदह

अपने बच्चों के साथ चक्र को तोड़ना

अपने घावों को नाम देने के शांत पश्चात् एक मार्ग खुलता है—केवल अपने लिए नहीं, बल्कि उन लोगों के लिए भी जो हमारे पदचिह्नों का अनुसरण करेंगे। हमने उन पीड़ाओं की चर्चा की है जो पीढ़ियों से आगे बढ़ती हैं और जिस प्रकार वे समय के साथ प्रतिध्वनित होती रहती हैं। अब हम उपचार की ओर मुड़ते हैं, और आरंभ वहीं से करते हैं जहाँ इसका प्रभाव सबसे अधिक महत्त्वपूर्ण है: उन जीवनों में जिन्हें हम अपने बच्चों के लिए गढ़ते हैं। छायाओं का यह हस्तांतरण अत्यंत सामान्य है, परंतु कोमल संकल्प से हम इसे हल्का कर सकते हैं—और कभी-कभी शांत भी।

यह चक्र गहराई तक चल सकता है। एक ऐसा अभिभावक जो नियमों में कठोर हो और सबको अपनी इच्छा के अनुसार झुकाए, वह बच्चे को उसकी अपनी आवाज़ से भयभीत कर देता है। मौन में प्रशिक्षित और प्रतिक्रिया के तूफ़ान के लिए सदैव तैयार, वह निर्णयों और जोखिम से कतराने लगता है। जहाँ कभी छोटी भूल पर गर्जना हुई थी, वहाँ बचपन समाप्त

होने के बहुत बाद तक गलती का विचार ही भय उत्पन्न करता है।

यह शक्ति का निर्माण नहीं है। यह एक मौन टूटन है जो वयस्क जीवन तक बनी रहती है और निर्णयों को बोझ बना देती है। बार-बार की कठोरता हृदय को सुन्न भी कर सकती है। जो बच्चे हट नहीं सकते, वे कभी-कभी कुछ भी अनुभव न करना सीख लेते हैं, शांत छाया बन जाते हैं। तब संबंध पतले पड़ जाते हैं, क्योंकि जब खुलापन कभी पीड़ा लाया हो, तब कोई व्यक्ति प्रेम के लिए कैसे खुले?

हर घाव केवल टूटे हुए घरों से नहीं आता। वह स्थिर घरों में भी उग सकता है, जहाँ अभिप्राय शुभ हों पर दिशा चूक जाए। स्वभाव से दृढ़ पिता अपने बच्चे को भी वैसा ही देखना चाहे, पर बच्चा अधिक कोमल हो सकता है। पिता उसे बदलने का प्रयास करता है, यह सोचकर कि वह दृढ़ता गढ़ रहा है, पर वह बच्चे को उसके स्वभाव से दूर मोड़ देता है–और जहाँ शक्ति उगनी थी, वहाँ चिह्न रह जाते हैं।

सच्चा सम्मान भय से उत्पन्न नहीं होता। भय आज्ञाकारिता ला सकता है, पर आज्ञाकारिता विश्वास नहीं होती। जब बच्चे भय से पालन करते हैं, तो कुछ समय के लिए सामंजस्य प्रतीत हो सकता है, पर दूरी बोई जाती है। आगे चलकर जब स्वतंत्रता आती है, वे बिना ऊष्मा के दूर हो सकते हैं,

बीते समय की समझदारी

स्मृतियाँ देखभाल से अधिक नियंत्रण से निर्मित होती हैं। इसके स्थान पर वह स्थिर मार्गदर्शन चुनिए जो स्वेच्छा से जुड़े हृदयों को आमंत्रित करे, ऐसे बंधन बनाए जो इसलिए टिकें क्योंकि वे चुने गए हैं, बाध्य नहीं।

जैसा कि कहा गया है, "बालक को उसके मार्ग पर शिक्षित करो।" इसमें गहन अनुग्रह है। जो भीतर गहराई से बुना गया है उसे जबरन ढालने का प्रयास उसे क्षीण कर सकता है। अपने बच्चे को उसके वास्तविक स्वरूप में देखिए और उसी के अनुसार उसका पोषण कीजिए, ऐसे स्नेह के साथ जो उसके स्वभाव को विकसित होने दे।

दृढ़ता का भी स्थान है। सीमाएँ और कर्तव्य चरित्र बनाते हैं। घर के कार्य, उत्तरदायित्व और साथ रहने की पारस्परिकता जीवन की तैयारी सिखाती है। यह कठोरता नहीं, उपहार है। परिवर्तन का अर्थ दिशाहीन कोमलता नहीं, बल्कि अतिक्रमण रहित मार्गदर्शन है।

इसके लिए हमें स्वार्थपूर्ण नियंत्रण से दूर होना होगा–जहाँ पालन-पोषण बच्चे की उन्नति के स्थान पर अभिभावक की आज्ञाकारिता की आवश्यकता बन जाता है। अपने हृदय को कोमलता से परखिए। उन दोषों को पहचानिए जो आपके व्यवहार को प्रभावित कर सकते हैं, और उन्हें घर का मानक न बनने दें।

बीते समय की समझदारी

यदि प्रेम सच्चा है, तो आप अपने बच्चे के विकास में आनंद पाएँगे, खुले हृदय से देखते हुए कि वह अपनी ज्योति की ओर बढ़ रहा है। पर जब बच्चे अपने कदम स्वयं रखने लगते हैं, तब एक सूक्ष्म भय उठ सकता है। जब वह प्रकट हो, उसे पहचानिए, पर उसे नियंत्रण का कारण न बनने दें। सजगता भय को विस्मय में बदल सकती है, जिससे आप उनके विकास में सहभागी बन सकें, उससे खिन्न नहीं।

जो विरासत में मिला है उससे मुक्त होना केवल शुभ अभिप्रायों से संभव नहीं, क्योंकि पुराने पैटर्न चुपचाप लौटते हैं। भिन्न ढंग से पालन करने की इच्छा होते हुए भी, तनाव के क्षणों में परिचित प्रतिक्रियाएँ उठती हैं। जो वातावरण आपने जिया, या जिन प्रवृत्तियों को कभी वश में नहीं किया, वे थकान और दबाव में उभर सकती हैं।

जब हम विरासत में मिले पैटर्नों की बात करते हैं, तो यह मान लेना सरल है कि वे स्पष्ट शिक्षाएँ थीं–स्पष्ट नियम, खुले रूप से बताए गए मूल्य। परंतु जो विरासत में मिलता है, उसका बड़ा भाग कहा नहीं जाता। वह अवशोषित होता है। वह स्वर, समय, मुद्रा और मौन के माध्यम से भीतर बस जाता है। वह प्रतिक्रिया का स्वाभाविक ढंग बन जाता है।

शांत क्षणों में आप सच में विश्वास कर सकते हैं कि आप उस प्रभाव से आगे बढ़ चुके हैं। आप भिन्न बोलते हैं, भिन्न

बीते समय की समझदारी

सोचते हैं, और स्वयं से वचन लेते हैं कि भिन्न प्रतिक्रिया देंगे। और अनेक बार, शांत समय में, आप ऐसा करते भी हैं।

पर तनाव दृष्टि को संकुचित करता है। जब थकान आती है, जब शोर बढ़ता है, जब धैर्य घटता है, तब तंत्रिका-तंत्र परिचित को पकड़ता है। वह आपके श्रेष्ठ संकल्पों से परामर्श नहीं करता। वह पीछे की ओर बढ़ता है। जो प्रतिक्रियाएँ सबसे अधिक देखी गई थीं–कठोरता, हट जाना, व्यंग्य, मौन, अत्यधिक नियंत्रण, भावनात्मक अनुपस्थिति–वे शीघ्र उभरती हैं क्योंकि वे पहले से भीतर हैं।

तनाव पालन-पोषण को सक्रिय करता है।

इसका अर्थ यह नहीं कि आप उस प्रभाव से सहमत हैं। इसका अर्थ यह है कि दबाव में शरीर वही चुनता है जिसका अभ्यास हुआ है। और बचपन में वह अभ्यास असंख्य बार हुआ था। यहाँ ऊँची आवाज़, वहाँ दरवाज़ा पटकना। एक उपेक्षापूर्ण टिप्पणी। एक ठंडा व्यवहार। एक कठोर आदेश। ये क्षण धीरे-धीरे स्वाभाविक प्रतिक्रियाओं में बदल जाते हैं।

थकान उन स्वाभाविक प्रतिक्रियाओं के विरुद्ध प्रतिरोध को कम कर देती है। जो शांत बोलने का इरादा रखता है, वह लंबे दिन के अंत में तीखापन पाता है। जिसने लज्जित न करने का संकल्प लिया था, वह निराशा में परिचित वाक्य सुनता है। जिसने धैर्य से सुनने का निश्चय किया था, वह उसी स्वर

में बीच में रोक देता है जो कभी उस पर प्रयुक्त हुआ था। यह शीघ्र हो सकता है, कभी-कभी जागरूकता आने से पहले।

और बिना जागरूकता के पुनरावृत्ति स्वचालित हो जाती है। बच्चे वही अनुभव करते हैं जो आपने कभी किया था, भले रूप परिवर्तित हो। वे स्वर, मुद्रा और भावनात्मक प्रतिक्रिया की लय को भीतर उतार लेते हैं। वे अपने स्वाभाविक ढंग उसी से बनाते हैं जो उनके चारों ओर है। और जो आपके भीतर अनचाहा था, वह उनके भीतर भी अनचाहा बन सकता है।

इसलिए चक्र तोड़ने के लिए केवल शुभ इरादे पर्याप्त नहीं। उन क्षणों में सजगता चाहिए जब सजग रहना सबसे कठिन होता है–जब आप थके हों, व्यस्त हों, लज्जित हों या अभिभूत हों। आपको पूर्णता नहीं चाहिए, पर आपको हस्तक्षेप चाहिए।

हस्तक्षेप ध्यान से आरंभ होता है। जबड़े का कसाव। आवाज़ का उठना। उपेक्षा करने की इच्छा। हट जाने की प्रवृत्ति। यदि विराम एक क्षण देर से आए, तब भी वह द्वार है। समय के साथ वह पहले आ सकता है। प्रतिक्रिया शीघ्र नरम हो सकती है। पर केवल तब, जब उसे देखा जाए।

नाम देने पर विरासत की शक्ति घटती है। अनदेखा करने पर वह बढ़ती है।

बीते समय की समझदारी

नए मार्ग का प्रयास करते प्रारंभिक महीनों या वर्षों में, जब पुरानी आदतें लौटती हैं, एक अपराधबोध का भाव उठ सकता है। यह खिड़की अमूल्य है।

आप बहुत तीखे बोलते हैं। आप शीघ्र प्रतिक्रिया देते हैं। आप अपने बच्चे की आँखों में भय देखते हैं, या उसकी आवाज़ में दूरी। और भीतर कुछ कसता है–नाटकीय लज्जा नहीं, निराशा नहीं, बल्कि एक शांत विरोध जो कहता है, "मैं ऐसा नहीं बनना चाहता।"

यही अपराधबोध की खिड़की है।

यह शत्रु नहीं है। यह आत्म-निंदा नहीं है। यह जागरूकता का द्वार खटखटाना है। आरंभ में यह स्पष्ट खुलती है। आप उस व्यक्ति के बीच अंतर अनुभव करते हैं जो आप बनना चाहते हैं और जो अभी हुआ। यह असुविधाजनक है, पर शिक्षाप्रद भी। यह संकेत देता है कि आपके मानक ऊँचे हुए हैं। आप अब पुराने ढंग से पूर्णतः सहमत नहीं।

पर यह खिड़की नाज़ुक है।

यदि आप इस पर चिंतन से उत्तर देते हैं–"यह उचित नहीं था। मैं समायोजन करूँगा"–तो यह सुदृढ़ होती है। अगली बार असुविधा पहले उठ सकती है। विराम शीघ्र आ सकता है। समय के साथ पुराना पैटर्न दुर्बल होता है।

बीते समय की समझदारी

यदि इसके स्थान पर आप तर्क से उत्तर देते हैं, तो खिड़की संकुचित होती है।

“इतना भी बुरा नहीं था।”
“उन्हें यह सुनना चाहिए था।”
“मेरे माता-पिता इससे कठोर थे।”
“मेरा दिन बहुत लंबा था।”

प्रत्येक स्पष्टीकरण में कुछ सत्य हो सकता है। पर जब वे समझने के बजाय उचित ठहराने के लिए उपयोग होते हैं, तो संकेत मंद पड़ जाता है। अनदेखा करने पर अपराधबोध क्षीण हो जाता है। पहली बार कठोर स्वर चुभता है। पाँचवीं बार कम। बीसवीं बार शायद ही ध्यान जाए—इसलिए नहीं कि व्यवहार सुधरा, बल्कि इसलिए कि भीतर का चेतावनी-संकेत शांत हो गया।

तर्क अंतरात्मा को कुंद कर देता है। वह तात्कालिक राहत देता है, पर विकास की घर्षण को हटा देता है। और प्रारंभिक जागरूकता नाज़ुक होती है, इसलिए उसे कोमलता और गंभीरता दोनों से संभालना चाहिए।

यहीं अनेक लोग निराश हो जाते हैं। प्रारंभिक महीनों में आप यह अपराधबोध बार-बार अनुभव कर सकते हैं। यह थका सकता है। यह प्रश्न खड़ा कर सकता है कि क्या आप प्रगति

कर रहे हैं। पर बार-बार जागरूक होना असफलता का संकेत नहीं। यह प्रायः संकेत है कि आप अंततः देख रहे हैं।

लक्ष्य अपराधबोध में जीना नहीं है। लक्ष्य उसे दिशा के रूप में उपयोग करना है।

जब खिड़की खुले, उसमें क्षणभर प्रवेश करें। बिना आत्म-आक्रमण के देखें कि क्या हुआ। एक छोटा परिवर्तन चुनें। संभव है आप क्षमा माँगें। संभव है आप स्पष्टीकरण दें। संभव है आप अगली बार स्वर धीमा रखने का संकल्प लें। फिर उसे छोड़ दें। दंड में न ठहरें। अपराधबोध का उद्देश्य पुनर्संरेखण है, आत्म-विनाश नहीं।

समय के साथ लक्ष्य अपराधबोध से भरा जीवन नहीं, बल्कि अधिक स्थिर प्रतिक्रियाओं से भरा जीवन है–जहाँ कम घटनाएँ भीतर विरोध जगाएँ क्योंकि नई प्रतिक्रियाओं का अभ्यास हो चुका है।

चक्र तोड़ना नाटकीय नहीं है। यह क्रमिक है। यह रसोई में, वाहन में, शयन-पूर्व वार्तालापों में और व्यस्त प्रातःकाल में होता है। यह तब होता है जब तनाव पालन-पोषण को सक्रिय करता है और आप, अपूर्ण होते हुए भी, भिन्न प्रतिक्रिया चुनते हैं।

कुछ अभिभावक आज्ञाकारिता को सम्मान समझ लेते हैं और मानते हैं कि कठोरता से उत्तम बच्चे बनते हैं। पर वास्तव में

क्या होता है, देखें। बच्चे भय से पालन करते हैं, आदर से नहीं। जैसे ही वे दूर जाने योग्य होते हैं, वे प्रायः चले जाते हैं–और स्नेह से पीछे मुड़कर नहीं देखते। भय के माध्यम से नियंत्रण विजय नहीं है। वह उधार का संबंध है, जिसका मूल्य बाद में चुकाना पड़ता है।

इसके लिए केवल संयम पर्याप्त नहीं। केवल बलपूर्वक क्रोध रोकना भीतर रोष जन्म देता है। वास्तविक परिवर्तन यह माँगता है कि आप बच्चों को बोझ नहीं, आशीर्वाद देखें। यदि यह दृष्टि दूर लगे, तो करुणामय मार्गदर्शन खोजिए, ताकि जड़ बदले और ऊष्मा स्वतंत्र रूप से बहे।

सोते हुए बच्चों से प्रेम करना सरल है। परीक्षा तब है जब वे जागृत हों–उच्च स्वर में, अव्यवस्थित, माँग करते हुए, कभी-कभी कष्टदायक। यदि स्नेह केवल सुविधा में आता है, तो इसे ईमानदारी से देखें। संभव है आप उनके विचार से प्रेम करते हों, पर वास्तविकता से असंतोष रखते हों। यदि अनदेखा किया जाए, तो रोष जो कुछ छूता है उसे विषाक्त कर देता है।

फिर भी कठिन बच्चों के साथ भी शांत प्रशंसा के क्षण मूल्यवान हैं। जब आप बच्चे को सोते हुए देखते हैं, दिन के शोर से मुक्त, तब आप उसके सार पर ध्यान केंद्रित कर

सकते हैं। यह शांत प्रशंसा स्नेह को नवीनीकृत करती है और व्यस्त समय में ऊष्मा बनाए रखने में सहायक होती है।

बाहरी भ्रमण प्रायः दिखाते हैं कि पुराने पैटर्न कहाँ उभरते हैं। आनंद के लिए योजनाबद्ध दिन शिकायतों और निराशाओं से तनावपूर्ण हो सकता है, और प्रतिक्रियाएँ तीव्र हो सकती हैं। पहले से मन तैयार करें। संभावित व्यवधानों की कल्पना करें और शांत प्रतिक्रिया का निश्चय करें। जब तीखा वाक्य उठे, कोमल उत्तर दें: "हम ऐसे नहीं बोलते। पुनः प्रयास करें।" फिर बाद में शांत समय में चर्चा करें। स्वयं से कहें, "यह सामान्य है। इसे हमारा समय नष्ट नहीं करना चाहिए।" यह तैयारी छोटे तूफ़ानों को गुजरने देती है और विस्फोट के स्थान पर उदाहरण से सिखाती है।

कठिन क्षण की पूर्वकल्पना का यह अभ्यास केवल भ्रमण तक सीमित नहीं। जब आप शांत अवस्था में परिस्थिति की कल्पना करते हैं और प्रतिक्रिया चुनते हैं, तो संभावित ठोकरों को विकास में बदल सकते हैं।

यह भी स्मरण रखें कि निरंतर सुधार के अधीन कोई फलता-फूलता नहीं, यहाँ तक कि निकटतम लोग भी नहीं। अंतहीन स्मरण रोष और दूरी उत्पन्न करते हैं। मार्गदर्शन संयमित और कोमल रखें, उस ऊष्मा को सुरक्षित रखते हुए जो जोड़ती है।

बीते समय की समझदारी

सुनना यहाँ भी सेतु है। जब कोई प्रिय अपनी पीड़ा साझा करे, तो समाधान देने या "यही जीवन है" कहकर टालने की शीघ्रता से बचें। स्थान दें। बिना बाधा के सुनें। जहाँ निर्णय उठे, वहाँ सहानुभूति रखें। अनेक बार सुना जाना ही उपचार होता है।

और जब आप चूकें, तो अपराधबोध को खिड़की बनने दें, बोझ नहीं। ठहरें, देखें क्या हुआ। जिस निर्माण की इच्छा है उसके साथ पुनः संरेखित हों। सरल कदम आगे तय करें। लक्ष्य कभी न चूकना नहीं। लक्ष्य इतना सजग रहना है कि शीघ्र लौट सकें।

जब आप इस सुधार के प्रति प्रतिबद्ध होते हैं–विरासत में मिली छाया से सजग प्रकाश की ओर बढ़ते हुए–तो आप केवल अपने लिए राहत नहीं देते। आप पीढ़ियों में गूँजती पीड़ा को चंगा करते हैं और आने वालों के लिए अधिक स्वतंत्र मार्ग खोलते हैं।

अब हम उन परिस्थितियों की ओर मुड़ेंगे जब बातें उलझ जाती हैं, और सीखेंगे कि इन आधारों के सहारे अनिवार्य तूफ़ानों का सामना संतुलन और गरिमा से कैसे किया जाए।

भाग पाँच

व्यावहारिक जीवन

ये अंतिम अध्याय जीवन में एकीकरण के लिए साधन प्रदान करते हैं–जब सब कुछ गलत प्रतीत हो तब क्या करना है, दैनिक चुनौतियों के लिए संक्षिप्त और उपयोगी मार्गदर्शन, और वह आह्वान जो यह निर्धारित करेगा कि यह पुस्तक आपके जीवन में वास्तविक परिवर्तन लाती है या केवल अलमारी में रखी रह जाती है।

बीते समय की समझदारी

अध्याय पंद्रह

जब सब कुछ गलत प्रतीत हो

कभी-कभी ऐसे क्षण आते हैं जब जीवन एक साथ बिखरता हुआ लगता है। एक छोटी-सी समस्या सामने आती है, और ऐसा महसूस होता है मानो वह अपने साथ सब कुछ खींच ले गई हो। एक परछाईं गिरती है, और अचानक पूरा आकाश अंधकारमय प्रतीत होने लगता है। जो चिंताएँ अब तक शांत थीं, वे बाढ़ की तरह उठ खड़ी होती हैं, और हर अधूरा सूत्र मिलकर एक भारी गाँठ बन जाता है। जो आरम्भ में एक साधारण समस्या थी, वह अचानक सर्वग्रासी प्रतीत होने लगती है–इसलिए नहीं कि वह वास्तव में इतनी बड़ी थी, बल्कि इसलिए कि उसने उन सब बातों के द्वार खोल दिए जो पहले से भीतर प्रतीक्षा कर रही थीं।

आप इस खिंचाव को पहचान सकते हैं। कोई छोटा-सा आघात आता है, और उसके साथ-साथ पुराने पश्चाताप, अनकहे भय, वे बोझ जिन्हें आप समझते थे कि पीछे छोड़ चुके हैं–सब उमड़ पड़ते हैं। वह “एक बात” नहीं रह जाती, बल्कि आपके हृदय का पूरा परिदृश्य बन जाती है। अक्सर आपको यह तब

तक पता नहीं चलता जब तक मन भीड़ से भर नहीं जाता और अव्यवस्था पूर्ण नहीं लगने लगती। उस समय यह तय करना भी थका देने वाला लगता है कि आरम्भ कहाँ से करें, क्योंकि हर चिंता समान रूप से तात्कालिक दिखाई देती है।

ऐसी घड़ी में एक कोमल आधार उपलब्ध है: ठहरिए और वास्तविक स्रोत को खोजिए। प्रायः यह बाढ़ दस अलग-अलग झरनों से नहीं आती, बल्कि एक गहरे स्रोत से आती है जो बाकी सबको साथ बहा ले जाता है। स्वयं के साथ शांतिपूर्वक बैठिए और सतह के नीचे उठ रही बातों को पहचानिए। एक शांत सूची बनाइए कि क्या-क्या आपको दबा रहा है—केवल वह चिनगारी नहीं जिसने अग्नि जलाई, बल्कि वे अंगारे भी जो पहले से भीतर दहक रहे थे—कोई अनसुलझा तनाव, कोई टाला गया निर्णय, कोई हानि जो अब भी पृष्ठभूमि में फुसफुसा रही है। फिर प्रत्येक बात को सावधानी से परखिए। बहुत-सी बातें उतनी भारी नहीं निकलेंगी जितनी वे उस क्षण लगी थीं; वे केवल प्रतिध्वनियाँ थीं जो शोर बढ़ा रही थीं। एक-दो बातें वास्तविक भार लिए होंगी। उन्हें लिख लेना मुख्य और गौण के बीच अंतर स्पष्ट करता है, और वही स्पष्टता बोझ को हल्का करने लगती है।

इस ईमानदार दृष्टि में आप अपनी भूमिका भी देख सकते हैं। संभव है किसी निर्णय ने स्थिति को जन्म दिया हो, या किसी

दृष्टिकोण ने उसे और भारी बना दिया हो। यह आत्म-दोष का निमंत्रण नहीं है; यह सामर्थ्य का आमंत्रण है। अपने हिस्से को पहचानना बताता है कि आप कहाँ परिवर्तन कर सकते हैं, और यही सूक्ष्म अधिकार असहायता की भावना को गति की संभावना में बदल देता है। जब आप देख लेते हैं कि आपके हाथ में क्या है, तब आप अभिभूत अवस्था के भीतर बंद नहीं रहते जैसे वह कोई अपरिवर्तनीय मौसम हो।

इसके बाद धीरे-धीरे आरम्भ कीजिए। दिन को वैसे ही स्वीकार कीजिए जैसा वह आता है। एक श्वास, एक कदम। उस वास्तविक विषय पर ध्यान दीजिए जो आपको विचलित कर रहा है, न कि उस प्रपात पर जो वह प्रायः उत्पन्न करता है। कल अपनी चिंताएँ लेकर आएगा; इस घड़ी को पर्याप्त मानिए। इस सत्य को स्थिर प्रकाश की तरह थामे रहिए: यह भी बीत जाएगा। तीव्रता सदा नहीं ठहरती। जैसे अन्य सब कुछ, वह भी कोमल पड़ती है, और स्पष्ट दृष्टि लौट आती है। केवल आज से जुड़ना मन को एक क्षण को जीवन भर में बदलने से रोकता है।

जो आपकी पहुँच से बाहर है उसकी विशालता को अपनी पहुँच में उपस्थित छोटे अनुग्रहों को मंद मत करने दीजिए। आप एक साथ हर कोने को नहीं सुधार सकते, पर एक शांत कर्म आपके हाथ में है। उसी से आरम्भ कीजिए जो अभी किया जा

सकता है। इसका अर्थ हो सकता है–जहाँ दूरी बढ़ गई है वहाँ एक स्नेहपूर्ण शब्द कहना, किसी पुराने पश्चाताप को छोड़ देने का निर्णय लेना जो बार-बार खुलता है, मन को स्पष्ट करने के लिए थोड़ी सैर करना, या बैठकर एक ऐसी बात लिखना जिसके लिए आप कृतज्ञ हैं। आप एक ही दिन में सब हल करने का प्रयास नहीं कर रहे; आप जड़ता से गति की ओर बढ़ रहे हैं। एक भाग को संभालना भी अक्सर समग्र भार को हल्का कर देता है, क्योंकि वह हृदय को याद दिलाता है कि वह असहाय नहीं है।

जब सब कुछ गलत प्रतीत हो, उन क्षणों के लिए ये उपाय साथ रखें। अब हम दैनिक जीवन के लिए संक्षिप्त सत्य एकत्र करेंगे–ऐसे छोटे स्मरण जो आपको स्थिर बनाए रखें, इससे पहले कि ज्वार बाढ़ बन जाए।

अध्याय सोलह

जब प्रगति दिखाई नहीं देती

परिवर्तन प्रायः अपनी घोषणा स्वयं नहीं करता।

हम संकल्प के साथ आरंभ करते हैं। हमें स्पष्ट दिखने लगता है कि क्या बदलना आवश्यक है। हम अपने पैटर्न समझते हैं, विरासत में मिले स्वभावगत ढाँचे पहचानते हैं, उस दोषारोपण को देखते हैं जिसने हमें स्थिर कर दिया था, और उन छोटे कदमों को समझते हैं जो आगे बढ़ाते हैं। किसी अध्याय को पढ़कर हम स्थिर, शायद आशावान भी महसूस करते हैं। फिर जीवन अपने सामान्य क्रम में लौट आता है। एक सप्ताह बीतता है। एक महीना बीतता है। और दर्पण में कोई नाटकीय परिवर्तन दिखाई नहीं देता।

यहीं बहुत से लोग रुक जाते हैं।

इसलिए नहीं कि वे विकास को अस्वीकार करते हैं, बल्कि इसलिए कि उन्हें वह दिखाई नहीं देता।

कठिनाई अपेक्षा में है। हम परिवर्तन की कल्पना किसी स्पष्ट पहले और बाद के रूप में करते हैं। हम मान लेते हैं कि जब

बीते समय की समझदारी

हम किसी बात को गहराई से समझ लेंगे, तो तुरंत और निरंतर अलग ढंग से व्यवहार करेंगे। पर इन पृष्ठों में वर्णित कार्य ने कभी नाटकीय पुनर्रचना का वचन नहीं दिया। उसने दिशा का वचन दिया है।

दिशा क्रांति से अधिक शांत होती है।

पहले मील पर कछुआ प्रभावशाली नहीं दिखता। भावनात्मक संयम का अभ्यास करने वाला व्यक्ति वीर नहीं प्रतीत होता। जो माता-पिता विरासत में मिली प्रतिक्रिया को रोकते हैं, उन्हें किसी की सराहना नहीं मिलती। इस पुस्तक में वर्णित अधिकांश विकास बाहर से स्पष्ट होने से पहले भीतर घटित होता है।

प्रगति अक्सर अदृश्य लगती है क्योंकि वह विलंब के रूप में आरंभ होती है।

पुरानी प्रतिक्रिया अब भी उठती है, पर शायद पहले से एक क्षण अधिक ठहरती है। कठोर स्वर अब भी उभरता है, पर वाक्य के बीच में थोड़ा नरम पड़ जाता है। रोष अब भी चमकता है, पर जल्दी शांत हो जाता है। ये परिवर्तन सूक्ष्म हैं। वे परिवर्तन जैसे नहीं दिखते। वे ठहराव जैसे दिखते हैं।

पर ठहराव ही स्थान है।

और स्थान ही वह जगह है जहाँ चयन जन्म लेता है।

बीते समय की समझदारी

आप अब भी क्रोध अनुभव कर सकते हैं। उद्देश्य कभी भावना को समाप्त करना नहीं था। आप अब भी वह पीड़ा महसूस कर सकते हैं। उद्देश्य कभी अभिलाषा मिटाना नहीं था। आप अब भी संघर्ष का सामना करेंगे। उद्देश्य जीवन को रोकना नहीं था। जो पहले बदलता है, वह कठिनाई की उपस्थिति नहीं, बल्कि उससे आपका संबंध है।

जब प्रगति दिखाई न दे, तो छोटे संकेत खोजें।

क्या आप थोड़ा कम दोषारोपण कर रहे हैं?
क्या आप स्वयं को पहले से थोड़ा जल्दी पकड़ लेते हैं?
क्या आप अधिक शीघ्र सुधार कर लेते हैं?
क्या आप पहले से कुछ मिनट पहले उपस्थिति चुन लेते हैं?

ये नाटकीय विजय नहीं हैं। पर ये गति हैं।

परिवर्तन धीमा लगता है क्योंकि पुराने पैटर्न वर्षों की पुनरावृत्ति से बने थे। विरासत में मिले स्वभाव हजारों बार अभ्यास किए गए थे। दोषारोपण बचपन से दोहराया गया होगा। भावनाओं का अनियंत्रित बहाव घरों में सामान्य रहा होगा। यह अपेक्षा करना कि ये मार्ग कुछ ही सप्ताह में मिट जाएँगे, उनकी गहराई को समझ न पाने जैसा है।

धीमा परिवर्तन कमजोर परिवर्तन नहीं है। वह स्थिर परिवर्तन है।

बीते समय की समझदारी

पतन इस लय का भाग है।

ऐसे दिन आएँगे जब आप ठीक वैसा ही व्यवहार करेंगे जैसा पहले करते थे। थकान आपकी सजगता घटा देगी। तनाव पालन-पोषण की छाया को सक्रिय करेगा। अपराधबोध का द्‌वार खुलेगा, या शायद न खुले। आप तीखे शब्द कह देंगे, शीघ्र दूरी बना लेंगे, या सहज रूप से दोष दे देंगे। तब प्रलोभन होगा कि प्रयास को निरर्थक घोषित कर दें।

"यह काम नहीं आया।"
"मैं वहीं लौट आया जहाँ से चला था।"

पर पतन का अर्थ वापसी नहीं है। इसका अर्थ है कि अभ्यास अभी शेष है।

विकास रेखीय नहीं होता। वह निरंतर ऊपर नहीं बढ़ता। वह चक्र बनाता है। वह पुराने प्रदेशों पर लौटता है। वह उन कमजोरियों को उजागर करता है जिन्हें आप समाप्त समझ बैठे थे। पर हर चक्र अधिक सजगता के साथ आता है। हर वापसी अधिक समझ लेकर आती है। भले व्यवहार वैसा ही दिखे, भीतर की कथा बदल चुकी होती है। अब आप देख रहे होते हैं कि क्या हो रहा है।

देखना शून्य नहीं है।

बीते समय की समझदारी

सजगता पुनरावृत्ति को अभ्यास में बदल देती है। बिना सजगता के पुनरावृत्ति अचेत और स्थायी होती है। सजगता के साथ वही पुनरावृत्ति परिवर्तन का अभ्यास बन जाती है।

आपको प्रगति इसलिए भी दिखाई नहीं देती क्योंकि मापदंड बदल गए हैं।

शुरुआत में आप स्वयं की तुलना अपने अतीत की चरम सीमाओं से करते थे। कोई भी सुधार बड़ा लगता था। समय के साथ अपेक्षाएँ सूक्ष्म होती जाती हैं। जो पहले स्वीकार्य लगता था, अब वैसा नहीं लगता। आप अधिक धैर्य, अधिक उपस्थिति, अधिक स्थिरता चाहते हैं। मानक ऊँचा हो जाता है। इससे ठहराव का भ्रम उत्पन्न हो सकता है, जबकि आप आगे बढ़ चुके होते हैं।

आप स्वयं को ऊँचे मानक से परख रहे होते हैं।

एक और कारण यह है कि प्रगति का बड़ा भाग किसी दृश्य प्रदर्शन की रचना नहीं करता, बल्कि क्षति को रोकता है। आप उन विवादों को कभी नहीं देख पाएँगे जो नहीं हुए क्योंकि आपने ठहराव चुना। आप उस रोष को नहीं देख पाएँगे जो उत्पन्न नहीं हुआ क्योंकि आपने शीघ्र सुधार किया। आप उस विरासत में मिली प्रतिक्रिया को नहीं देख पाएँगे जो आपने एक बार शांतिपूर्वक रोक दी और जो आपके बच्चे तक नहीं पहुँची।

बीते समय की समझदारी

अनुपस्थिति प्रायः अपनी घोषणा नहीं करती।

दोष न देने का सिद्धांत भी ऐसा ही है। जब आप आरोप के स्थान पर उत्तरदायित्व चुनते हैं, तो आपको कोई विजय का अनुभव नहीं होता। आप बस अधिक शांत हो जाते हैं। पर वही शांति वृद्धि को रोकती है। वही गरिमा बचाती है। वही विवाद को छोटा करती है। वर्षों में वही अंतर संबंधों को नया आकार देता है।

उपस्थिति भी ऐसी ही है। आप भोजन के समय उपकरण को अलग रख दें, तो वह असाधारण नहीं लगता। पर जो बच्चा स्वयं को देखा हुआ अनुभव करता है, वह उसे भीतर संजो लेता है। उस क्षण की शांति आपको भले न दिखे, पर आपकी तंत्रिका-प्रणाली उसे पहचानती है।

भावनात्मक संयम भी ऐसा ही है। तूफान अब भी उठता है, पर घर को डुबोता नहीं। स्वर थोड़ा कम ऊँचा होता है। सुधार थोड़ा पहले आता है। अपराधबोध का द्वार दिशा बदलने के लिए पर्याप्त समय तक खुला रहता है।

चक्र तोड़ना भी ऐसा ही है। विरासत में मिली प्रतिक्रिया अब भी दस्तक देती है, पर बिना चुनौती के भीतर नहीं प्रवेश करती।

जब प्रगति अदृश्य लगे, तो प्रश्न यह नहीं है, “क्या मैं पूरी तरह बदल गया?” प्रश्न यह है, “क्या मैं पहले से अलग ढंग से अभ्यास कर रहा हूँ?”

बीते समय की समझदारी

इस पुस्तक में उल्लिखित कार्य तीव्रता से अधिक पुनरावृत्ति पर आधारित है। एक क्षमा। एक शांत उत्तर। एक सीमा जो बिना आक्रामकता के कही गई। एक दिन जो बिना दोषारोपण के जिया गया। उपस्थिति का एक छोटा अभ्यास। ये सब शांतिपूर्वक जुड़ते जाते हैं। वे नाटकीय नहीं होते, पर दिशा बदल देते हैं।

एक वर्ष बाद आप पीछे मुड़कर देखें और परिवर्तन का कोई एक क्षण पहचान न पाएँ। क्योंकि ऐसा कोई एक क्षण होगा ही नहीं। वहाँ अनेक छोटे परिवर्तन होंगे, जो उस समय साधारण लगे, पर मिलकर आपके जीवन की दिशा मोड़ चुके होंगे।

परिवर्तन धीमा इसलिए लगता है क्योंकि वह परत-दर-परत बनता है।

जैसे जल पत्थर को काटता है, प्रभाव समय के बाद ही स्पष्ट होता है। प्रक्रिया के दौरान कुछ होता हुआ नहीं दिखता, पर निरंतर कुछ घटित हो रहा होता है।

यदि आप प्रत्येक सप्ताह स्पष्ट परिवर्तन की अपेक्षा करेंगे, तो निराश होंगे। यदि आप दिशा के प्रति प्रतिबद्ध रहेंगे – चलते रहने के प्रति, स्थिर न खड़े रहने के प्रति – तो एक दिन पाएँगे कि परिदृश्य बदल चुका है, और आपको पता भी नहीं चला कि कब।

बीते समय की समझदारी

प्रगति प्रायः उस से मापी जाती है जो आप अब नहीं करते।

आप उतनी जल्दी उग्र नहीं होते।
आप उतनी सहजता से दोष नहीं देते।
आप उतने लंबे समय तक क्रोध नहीं ढोते।
आप जीवन को पूरी तरह "बाद में" टालते नहीं रहते।

ये अनुपस्थितियाँ प्रमाण हैं।

छोटे कदमों, भावनात्मक संयम, उत्तरदायित्व, उपस्थिति और चक्र-विच्छेद का एकीकरण निर्दोष जीवन नहीं बनाता। वह स्थिर आधार देता है। वह अनावश्यक क्षति घटाता है। वह सुधार को बढ़ाता है। वह इरादे और आचरण के बीच की दूरी कम करता है।

यदि आप चल रहे हैं – चाहे धीरे ही – तो आप असफल नहीं हैं।

और यदि प्रगति अदृश्य लगे, तो संभव है वह सतह के नीचे घटित हो रही हो, ऐसी नींव को सुदृढ़ करती हुई जिसे टिके रहने के लिए प्रशंसा की आवश्यकता नहीं होती।

शांत विकास को विकासहीनता समझने की भूल न करें।

कछुआ तेज नहीं दिखता। पर वह रुकता भी नहीं।

चलते रहिए।

अध्याय सत्रह

संक्षिप्त सत्यों में सत्य

हमारी यात्रा के शांत विरामों में छोटे-छोटे सत्य ऐसे एकत्र होते हैं जैसे धारा में घिसकर चिकने हुए पत्थर–हर एक को क्षणभर थामने योग्य, ताकि उसका भार और आकार स्वयं बोल सके। ये प्रभाव डालने के लिए किए गए भव्य घोषणाएँ नहीं हैं। ये स्मरण हैं, जो जीवन के सामान्य मोड़ों पर आपको स्थिर रखने के लिए हैं। इन्हें अपने भीतर बैठने दें, और जब दिन के साधारण क्षणों में स्पष्टता की आवश्यकता हो, तब इनकी ओर लौटें।

थोड़ा-सा खट्टा दूध बहुत-से अच्छे दूध को बिगाड़ देता है, पर थोड़ा-सा अच्छा दूध उतनी ही मात्रा के बुरे दूध को अच्छा नहीं कर देता। हानि शीघ्र और गहराई से फैलती है, जो पूर्ण था उसे भी अपने अधीन कर लेती है, जबकि अच्छाई को दिशा बदलने में समय और पुनरावृत्ति चाहिए। इसी कारण यह महत्त्वपूर्ण है कि आप अपने निकट क्या आने देते हैं। छाया प्रकाश से अधिक देर टिकती है। अपने प्रभावों की रक्षा भय से नहीं, बल्कि विवेक से करें।

बीते समय की समझदारी

अपनी भूल के लिए किसी और को दोष देना उतना ही मानवीय है जितनी वह भूल स्वयं। त्रुटि होती है, और उँगली सहज ही बाहर की ओर उठ जाती है। दोनों का सामना शांत ईमानदारी से करें। जो आपका है उसे स्वीकार करें। यह आपको टालने के बोझ से मुक्त करता है और वास्तविक विकास का द्वार खोलता है।

यदि आप पर्याप्त समय तक संदेह में जीएँगे, तो कभी न कभी वह सही सिद्ध हो ही जाएगा। टूटी हुई घड़ी भी दिन में दो बार सही समय दिखाती है। भय यदि बहुत निकट रखा जाए, तो वह स्वयं अपने लिए प्रमाण खोज लेता है। वह अपनी ही छाया बुलाता है और फिर उसके आने पर स्वयं को सही ठहराता है। भय की पकड़ ढीली करें। अधिक खुले मन से जिएँ, और संभव है कि संसार उतना शत्रुतापूर्ण न निकले जितना मन ने कल्पना किया था।

लोग आपके बारे में क्या सोच रहे हैं, इसकी चिंता कम ही करनी चाहिए, क्योंकि वे प्रायः इस चिंता में व्यस्त रहते हैं कि आप उनके बारे में क्या सोचते हैं। हममें से अधिकांश अपने ही निजी संशयों और आत्मचेतना में उलझे रहते हैं। इसे स्मरण रखना आपको दूसरों की काल्पनिक दृष्टि से मुक्त कर सकता है और निरंतर आत्म-निगरानी का भार हल्का कर सकता है।

बीते समय की समझदारी

उत्तर न होना यह सिद्ध नहीं करता कि आप गलत हैं। कुछ प्रश्न तुरंत प्रकट नहीं होते। अज्ञान में विनम्रता खोज के लिए स्थान छोड़ती है, जबकि अति-निश्चय द्वार बंद कर सकता है। अनिश्चितता के साथ धैर्य कमजोरी नहीं है; वह प्रायः ज्ञान की शुरुआत है।

जब कोई अपना बोझ साझा करता है, तो समझें कि वह केवल शिकायत नहीं कर रहा हो सकता है। वह समझे जाने की अपेक्षा कर रहा हो सकता है, न कि शीघ्र अस्वीकृति की। शिकायतें कई रूप धारण करती हैं। सतह के नीचे देखें और उसके मूल को संवेदनशीलता से स्पर्श करें।

अंधी गिलहरी को भी कभी-कभी मेवा मिल ही जाता है। संयोग हम सबके जीवन को छूता है। यह घमंडी को विनम्र करे–याद दिलाए कि सफलता केवल उसकी अपनी योग्यता नहीं–और प्रयासरत को आश्वस्त करे–याद दिलाए कि परिस्थिति बदल सकती है। प्रयास महत्त्वपूर्ण है, पर जीवन में अप्रत्याशित मोड़ भी होते हैं।

एक व्यक्ति रात में मंद प्रकाश में पढ़ता रहा और फिर आँखों के दर्द के लिए वैद्य के पास पहुँचा। उत्तर मिला, "किसने कहा कि किसी ने तुम्हारी आँखों को चोट पहुँचाई? शायद तुमने स्वयं ही उन्हें अपने आचरण से कष्ट दिया।" कभी-कभी जो पीड़ा हम अनुभव करते हैं, वह हमारे ही व्यवहार से उपजती

है। बाहर दोष खोजने से पहले भीतर कोमल दृष्टि डालें। यह आत्म-परीक्षण दिखा सकता है कि कहाँ परिवर्तन आवश्यक है।

जिह्वा की दोहरी शक्ति पर विचार करें। अंगारे पर थूक डालें तो वह बुझ जाता है। उसे धीरे-धीरे फूँकें तो वह भड़क उठता है। एक ही मुख से एक कर्म शांति देता है और दूसरा आग बढ़ाता है। ऐसे शब्द चुनें जो मरहम बनें, न कि घाव। वाणी प्रायः तटस्थ नहीं होती; वह या तो शीतल करती है या भड़काती है।

वायु और सूर्य की कथा में उन्होंने यह शर्त लगाई कि यात्री का कोट कौन उतार सकता है। वायु ने तीव्रता से प्रहार किया और यात्री ने कोट और कसकर पकड़ लिया। सूर्य ने ऊष्मा दी और कोट स्वयं ढीला पड़ गया। जहाँ बल कसता है, वहाँ कोमलता ढीला करती है। जब आप वास्तविक परिवर्तन चाहते हैं, तो लोगों से ऊष्मा के साथ मिलें।

एक स्वप्न में कोई समुद्र-तट पर दिव्य उपस्थिति के साथ चल रहा था, पर कठिनतम क्षणों में रेत पर केवल एक ही पदचिह्न दिखाई दिए। “तब आपने मुझे क्यों छोड़ दिया?” प्रश्न उठा। उत्तर मिला, “वही समय था जब मैं तुम्हें उठा कर चला।” हमारे गहनतम संघर्षों में हम कभी-कभी ऐसे संभाले जाते हैं जिन्हें हम उसी क्षण नहीं देख पाते। जब पथ एकाकी लगे, इसे स्मरण रखें।

बीते समय की समझदारी

यदि आपके पास पहुँचने का कोई विशेष स्थान ही नहीं है, तो आप वास्तव में खोए हुए नहीं हैं–आप केवल भटक रहे हैं। पर जब आप जानते हैं कि आपको कहाँ जाना है और पाते हैं कि मार्ग से हट गए हैं, तब खोया हुआ होना उपयोगी संकेत बन जाता है। यह दिशा की आवश्यकता का संकेत देता है। यह निराशा को पुनर्संरेखण के अवसर में बदल सकता है।

आज की स्वतंत्रता प्रायः इच्छा की दासता बन जाती है। जो बंधन-मुक्त दिखता है, वह हर क्षणिक चाह का बंधक हो सकता है। सच्ची स्वतंत्रता उन शांत निर्णयों में है जो गहरे मूल्यों से मेल खाते हैं। अनियंत्रित इच्छा का वेग राहत का वचन देता है, पर प्रायः केवल क्षणिक सुख देता है, और हृदय को अगली चाह से बाँध देता है।

कुछ लोग मादक पदार्थों की ओर मुड़ते हैं, कुछ मदिरा की ओर, और कुछ आभासी माध्यमों की ओर। आकर्षण समान है–एक शांत पलायन जो देता कम है और लेता अधिक। ये स्थान राहत का वादा करते हैं, पर जिस रिक्तता को भरने का दावा करते हैं उसे और गहरा कर देते हैं। हृदय की प्यास के लिए स्पष्ट स्रोत खोजें–ऐसे जो सुन्न न करें, बल्कि पोषित करें।

यदि आपके हाथ में केवल हथौड़ा हो, तो हर वस्तु कील जैसी लगेगी। हमारे उपकरण हमारी दृष्टि को आकार देते हैं। जो

बीते समय की समझदारी

हम साथ लेकर चलते हैं–मानसिकता, आदतें, धारणाएँ–हर परिस्थिति को एक ही प्रकार की समस्या बना सकते हैं। अपने उपकरणों को हल्के हाथ से पकड़ें। लचीलापन ईमानदारी बनाए रखता है। वह आपको प्रत्येक चुनौती को उसके वास्तविक स्वरूप में देखने देता है, न कि वैसा जैसा आपका पूर्वाग्रह उसे बनाना चाहता है।

इन सत्यों को साथ लेकर अब हम अंतिम चरण की ओर मुड़ते हैं–वह कदम जो केवल आपका है।

उपसंहार

आपकी चाल

जब ये पृष्ठ अपने अंत की ओर बढ़ते हैं, तो हम उस शांत धागे की ओर लौटते हैं जो इनके नीचे निरंतर चलता रहा: जो खोया हुआ प्रतीत हुआ, वह आपकी क्षमता नहीं थी, बल्कि आपकी स्पष्टता थी। जो भारी लगा, वह स्वयं जीवन नहीं था, बल्कि उसे उठाने का तरीका था।

हमने उस पीड़ा को नाम दिया जो अत्यधिक सतही जीवन के साथ चलती है। हमने दोष और उत्तरदायित्व, प्रतिक्रिया और संयम, गति और उपस्थिति की जाँच की। हमने कार्य के विषय में बात की, बच्चों के विषय में, विरासत में मिले स्वभावों के विषय में, और उन छोटे अवरोधों के विषय में जो धीरे-धीरे एक पैटर्न को नया आकार देते हैं। इनमें से कोई भी बात सिद्धांत के रूप में प्रस्तुत नहीं की गई। इन्हें अभ्यास के रूप में रखा गया—क्योंकि अच्छा जीवन नाटकीय नहीं होता। वह विचारपूर्वक जिया जाता है।

यह क्षण अंत नहीं है। यह एक दहलीज़ है।

पढ़ना जागरूकता जगा सकता है। पर जागरूकता परिपक्व केवल चयन के माध्यम से होती है। प्रेरणा यदि केवल विचार

बनी रहे तो फीकी पड़ जाती है। समझ तब सुदृढ़ होती है जब उसे शांत रूप से, बार-बार, बिना किसी प्रशंसा की अपेक्षा के, अभ्यास में लाया जाए।

अधिक स्थिर जीवन का अर्थ निष्कलंक जीवन नहीं है। परीक्षाएँ समाप्त नहीं होंगी। थकान फिर भी आएगी। मतभेद फिर भी उठेंगे। परिवर्तन इस बात में होगा कि आप उनसे कैसे मिलते हैं। कार्य अपने उचित स्थान पर लौट आता है। प्रदर्शन के स्थान पर उपस्थिति आती है। सुधार उस दूरी को छोटा कर देता है जो पहले लंबे समय तक कटुता में बदल जाती थी। अभिप्राय और आचरण के बीच की दूरी घटती है।

आपको किसी और में बदलने की आवश्यकता नहीं है।

आपको एक समेकित व्यक्ति के रूप में जीने की आवश्यकता है।

यह समेकन सूक्ष्म होता है। वह आपके समय-सारिणी से पहले आपकी वाणी में प्रकट होगा। वह उन वाद-विवादों में दिखाई देगा जो बढ़ते नहीं, उन सीमाओं में जो कठोरता के बिना स्थिर रहती हैं, उन संध्याओं में जो केवल बिताई नहीं जातीं बल्कि जानी जाती हैं। वह उन प्रतिक्रियाओं की अनुपस्थिति में दिखाई देगा जो कभी स्वचालित लगती थीं।

इस परिवर्तन की घोषणा नहीं होगी। इसका अधिकांश भाग शांत रूप से घटित होगा। पर समय के साथ अंतर स्पष्ट हो जाएगा।

बीते समय की समझदारी

आने वाला वर्ष वैसे भी बीतेगा। दिन भरते रहेंगे। उत्तरदायित्व चलते रहेंगे। प्रश्न यह नहीं है कि जीवन आगे बढ़ेगा या नहीं। प्रश्न यह है कि क्या आप उसमें सजगता के साथ आगे बढ़ेंगे, या केवल आदत के सहारे।

जो आवश्यक है वह पहले से आपके भीतर है। जिसका आप अन्वेषण कर रहे हैं वह अपरिचित नहीं; वह आपसे पुराना है और आपके विचार से अधिक निकट है। यह कार्य जटिल नहीं है। यह निरंतर है। एक सिद्धांत का अभ्यास। एक प्रतिक्रिया का अवरोध। एक सुधार पहले से अधिक शीघ्र करना।

अब आपकी चाल है।

कोई नाटकीय घोषणा नहीं।

एक जीया हुआ निर्णय।

अपने दिनों में उद्देश्य के साथ प्रवेश करें। अपने जीवन को जिएँ, केवल प्रदर्शित न करें। उसे समन्वित होने दें, आकस्मिक नहीं।

आपका मित्र, जो आपके लिए सच्चा कल्याण चाहता है,
R. Sohl

आप इस पृष्ठ पर क्या देखते हैं?

समझने के लिए पृष्ठ पलटें।

एक पृष्ठ है, उजला, विशाल,
उस पर कुछ काले बिंदु हैं कमाल।
नज़र ठहरती उन बिंदुओं पर,
भूलते हैं वे केवल दाग़ भर।

जीवन भी कुछ ऐसा ही है,
छोटे दोषों पर ध्यान सधा है।
विशाल श्वेत मंच छूट जाता,
बस छोटा धब्बा मन को भाता।

चारों ओर जो शुभ प्रसाद है,
उसे अनदेखा करना विषाद है।
ठहरो! देखो वह सब उपहार,
जो ईश्वर ने रखे चारों ओर अपार।

श्वेत विस्तार पर दृष्टि टिकाओ,
प्रकाश क्षणों को हृदय में बसाओ।
अँधेरे में खो जाना सरल है,
पर उसे चिह्न न बनने दो, यही सफल है।

इस लेखक की अन्य पुस्तकें

पागलपन का युग

आधुनिक भावनात्मक पतन की एक तीखी, व्यंग्यात्मक पड़ताल – जहाँ भावनाओं ने तथ्यों की जगह ले ली, आराम ने दृढ़ता को, और अर्थ शोर में घुल गया।

इसके साथ: *पुनर्निर्माण प्रक्रिया* – एक सुव्यवस्थित मार्ग, जो आक्रोश की लत में डूबी संस्कृति के बीच स्पष्टता, ज़िम्मेदारी और मानसिक स्वायत्तता को फिर से स्थापित करता है।

हवा में जीने की आदत

वेलनेस-फ़ैंटेसी, आध्यात्मिक शॉर्टकट्स, और उन आत्म-भ्रमों की खुली, मज़ाकिया और बेबाक धज्जियाँ – जो असली काम करने से रोकते हैं।

साथ में स्थिरता पद्धति: "हीलिंग ट्रेंड्स" से थके लोगों के लिए एक क्रमिक रीसेट, जो दिखाती है कि असली बदलाव साधारण, बिना चमक-दमक वाले कदमों से शुरू होता है।

1825 डिनर पर आया

एक दार्शनिक उपन्यास – जिसमें 19वीं सदी का एक किसान आज की दुनिया में आ गिरता है।

उसकी नज़र से आधुनिक दुनिया अजीब, तेज़ और चौंकाने वाली लगती है।

पाठक को समझ आता है कि प्रगति ने हमें क्या दिया है – और चुपचाप क्या छीन लिया है।

वास्तविकता का युग

एक सुकून भरी, आत्ममंथन से भरी कहानी – एक ऐसे युवा की, जो गहरे नुकसान के बाद अपनी ज़िंदगी को फिर से संवारने निकल पड़ता है। दर्द का सामना करना, अपनी सीमाएँ तय करना, और शांत धैर्य के साथ आगे बढ़ना – यही उसकी नई राह बनती है।

वन के सिद्धांत के माध्यम से यह पुस्तक उन सभी के लिए एक कोमल और सहारा देने वाला मार्गदर्शन प्रस्तुत करती है, जो खुद को जीवन में अटका हुआ महसूस करते हैं। यह दिखाती है कि छोटे-छोटे कदम, बिना दोषारोपण के उपचार, और सोच-समझकर लिए गए निर्णय कैसे केवल जीवित रहने से आगे बढ़कर जीवन को सचमुच जीने योग्य बना सकते हैं।

अप्रकाशित कार्य

The Sledgehammer – एक पूर्ण पांडुलिपि, जिसे लेखक ने प्रकाशित न करने का निर्णय लिया।

आप जिस व्यक्ति होने का दिखावा करते हैं, उसकी दो-दिवसीय आंतरिक जाँच:

भ्रम-भरे रविवार, और टूट-फूट वाले सोमवार।

कुछ विचार असर करते हैं; कुछ केवल निंदक दृष्टिकोण बढ़ा देते।

यह पुस्तक लिखी गई थी, पर गहरी सोच-विचार के बाद जानबूझकर रोक ली गई।

सभी शीर्षकों को देखने के लिए: www.theageofinsanity.com

पागलपन का युग

सम्पूर्ण संकलन

पाँचों पुस्तकें। एक ही खंड।

इस संस्करण में *उन्माद का युग* शृंखला की पूरी रचनाएँ सम्मिलित हैं–एक ही प्रवाह में, एक ही यात्रा के रूप में। हर पुस्तक अपने मूल स्वरूप में पूर्ण रूप से प्रस्तुत है, अब एक साथ जुड़कर एक सम्पूर्ण मार्ग बनाती हुई।

- पागलपन का युग → पागलपन को नाम देता है
- हवा में जीने की आदत → झूठे पलायन का उपहास करता है
- 1825 डिनर पर आया → विरोधाभास को उजागर करता है
- बीते समय की समझदारी → भूले हुए संतुलन को वापस लाता है
- वास्तविकता का युग → सिद्धांतों को जीता है

अलग-अलग पढ़ने पर, हर पुस्तक अपने आप में पूर्ण है। एक साथ पढ़ने पर, ये एक ही चाप बनाती हैं–पहचान से उपचार तक, शोर से उपस्थिति तक।

यह संकलन कोई सार नहीं है।
न अंश।
न टीका-टिप्पणी।

यह पूरी शृंखला है–एक ही जिल्द में।

यदि एक पुस्तक ने आपको छुआ, तो यह पूरा रास्ता है।

www.ingramcontent.com/pod-product-compliance
Lightning Source LLC
LaVergne TN
LVHW100323210926
848480LV00003B/1235